In dieser Reihe sind
bisher erschienen:

Richtig Badminton
Richtig Basketball
Richtig Carven
Richtig Fitness-Skating
Richtig Fußball
Richtig Golf
Richtig Golf länger und genauer
Richtig Golf rund ums Grün
Richtig Inline-Skating
Richtig Jogging
Richtig Kanufahren
Richtig Karate
Richtig Marathon
Richtig Mountainbiken
Richtig Muskeltraining
Richtig Paragliding
Richtig Reiten
Richtig Rennradfahren
Richtig Schwimmen
Richtig Segeln
Richtig Snowboarding
Richtig Sportklettern
Richtig Stretching
Richtig Teakwondo
Richtig Tanzen Lateinamerikanische Tänze
Richtig Tanzen Standardtänze
Richtig Tanzen Modetänze
Richtig Tauchen
Richtig Tennis
Richtig Tennistraining
Richtig Tischtennis
Richtig Torwarttraining
Richtig Walking
Richtig Yoga

RICHTIG

BLV SPORTPRAXIS TOP

Alexander Kölbing
Achim Steinfurth

Golf
länger und genauer

blv

Die Deutsche Bibliothek –
CIP-Einheitsaufnahme

Ein Titeldatensatz für diese Publikation ist bei Der Deutschen Bibliothek erhältlich

BLV Verlagsgesellschaft mbH
München Wien Zürich
80797 München

BLV Sportpraxis Top

Zweite, durchgesehene Auflage

Lektorat: Edith Ch. Kiel
Satz: Studio Pachlhofer
Herstellung: Rosemarie Schmid
Druck: Appl, Wemding
Bindung: Conzella, Urban Meister, München
Umschlaggestaltung: Joko Sander Werbeagentur, München

Gedruckt auf chlorfrei gebleichtem Papier

Printed in Germany · ISBN 3-405-15566-5

Immer schon fühlten sich beide Autoren, links Achim Steinfurth (Jahrgang 1959) und rechts Dr. Alexander Kölbing (Jahrgang 1942), der Idee verbunden, es ganz genau wissen zu wollen. In der vorliegenden Technik-Anleitung schreiben sie sich all jenes Wissen von der Seele, das sie in vielen Jahren intensiven Studiums angehäuft haben. Ohne unbescheiden sein zu wollen, stellen sie fest, dass zumindest in der deutschsprachigen Golfliteratur bislang kein Lehrbuch vergleichbaren Tiefgangs und didaktischer Ordnung sowie kompletterer Themenbehandlung vorliegt. Wäre ihnen, so ihr Fazit heute, ein solches Buch beizeiten in die Hände gekommen, wären ihnen viele Jahre des golferischen Suchens erspart geblieben. Wer aus Büchern lernen kann, dem kann nun geholfen werden.
Fast alle Fotos von Ulli Seer entstanden im »Golf Las Américas« auf Teneriffa, einem brandneuen und wunderschön zu spielenden 18-Loch-Platz. Der gastlichen Aufnahme sei an dieser Stelle herzlich gedankt.

Bildnachweis
Alle Fotos von Ulli Seer außer:
Alexander Kölbing: S. 6, 10, 14, 17, 19, 66, 112
Tony Stone/Getty Images/G. Hunter: S. 2
Roland Trawnik: S. 8

Umschlagfotos: Actionimages/B. Malone (vorne) und Bongarts/M. Sandten (hinten)

Computergrafik: Jörg Mair

Inhalt

Abb. 1
Wenn Sie technisch gut gewappnet sind, besitzen Sie in der Regel das Selbstvertrauen, um auch auf den wahrhaft großen Plätzen erfolgreich zu spielen. Hier das 9. Loch von Royal Lytham St. Annes.

Lernen durch Lesen

Wer sich aber wundern sollte, dass nach so vielen Büchern auch uns die Abfassung einer solchen Schrift in den Sinn kommen konnte, der lese zuvor alle Schriften jener anderen durch, mache sich darauf an die unserige und dann erst wundere er sich.

nach Flavius Arrianos
(95–180 n. Chr.)

Lee Trevino – fünfmaliger Major-Gewinner – auf die Frage, ob er je ein Golfbuch gelesen oder einen »Golf-Guru« konsultiert habe: »No, because I haven't found one who can beat me on the golf course.« Recht hat er, denn auch *David Leadbetter* kann seinen Meisterschüler *Nick Faldo* nicht schlagen. Dennoch sagt Letzterer, dass er einen Gutteil seines Könnens eben diesem *David Leadbetter* verdanke. Weil *Trevino* niemals ein Golf-Lehrbuch zu Rate gezogen hat, kann er auch nicht sagen, ob sich sein Spiel nicht zum noch Besseren gewandelt hätte, wenn er dieses oder jenes Nützliche einer guten Anleitung entnommen hätte. Unser Vorschlag daher: Lesen Sie dieses Buch und urteilen Sie selbst, ob Sie eher *Trevino* oder aber *Faldo* Recht geben müssen. Vielleicht können wir ja tatsächlich mit unseren Empfehlungen den genialen *Lee Trevino* nicht »erreichen«. Ihr Spiel zu verbessern aber haben wir allen Ehrgeiz aufgeboten.

»Das gibt's doch gar nicht ...«

» ... das darf doch nicht wahr sein!« Das sind sicherlich die mit am meisten zu hörenden Äußerungen auf dem Golfplatz. Golf, das Spiel zum Verzweifeln, dennoch auch das Spiel unergründlicher Faszination.
Barbara, die Frau eines der Autoren, hat es auf den Punkt gebracht: Es sei schon eine erschreckende Erkenntnis, dass einem das, was man eigentlich nicht beherrscht, auch noch Spaß mache. Golf, das Spiel aber auch der Hoffnung – auf den folgenden Schlag, auf den erfolgreicheren nächsten Tag, auf den so lang gehegten Durchbruch, weg vom Hacker-Golf und hin zu den fließenden und eleganten Schwüngen jener Spieler, denen man im Fernsehen schon so lange neidvoll zuschaut. Doch Golf ist auch unbarmherzig. In seiner Ausschließlichkeit, im Sich-abfinden-Müssen mit dem Ergebnis. Alle Ausreden dummes Zeug! Ein Kopfnicken als Höflichkeitsfloskel. Ausreden werden stets als unangenehm empfunden. Jeder von uns hat gelernt, beim Golf mit wenig zufrieden zu sein. Schon ein guter Schlag hält uns für lange Zeit wieder bei der Stange, lässt die 20 schlechten von vorher vergessen und nährt die Hoffnung, es vielleicht doch noch einmal zu lernen. Wir alle huldigen der Ansicht, die der British

Abb. 2 Kein Golfplatz auf der Welt ist ohne Gefahr. Es muss nicht immer ein Alligator sein, wie auf diesem Platz in Florida, aber um die eigene Persönlichkeit zumindest für Stunden aus dem Gleichgewicht zu bringen, dafür ist jeder Platz gut genug.

Open-Sieger von 1964, *Tony Lema*, einmal so ausgedrückt hat: »Golf erfordert eine Technik, die niemand von uns wirklich erlernen kann. Wir alle aber geben uns der Illusion hin, dass sich Golf dennoch beherrschen ließe, wenn man nur ein bisschen mehr spielen und ein wenig gezielter üben würde.« Wie weit man es tatsächlich im Golf bringen kann und was die Voraussetzungen dafür sind, hat uns *Ben Hogan* in der ihm eigenen knappen Art schon vor langer Zeit ins Stammbuch geschrieben: »Ich verrate Ihnen das Geheimnis, ein Champion zu werden – ganz gleich auf welchem Gebiet:

1. Finden Sie heraus, was Sie wirklich lieben.
2. Geben Sie sich Ihrem Ziel mit Leib und Seele hin.
3. Lassen Sie nichts und niemanden zwischen sich und dieses Ziel kommen.«

Ein Anspruch an Golf, der in seiner Ausschließlichkeit jedem von uns – Hand aufs Herz – fremd ist, der aber den Einsatz deutlich macht, der für Spitzenspieler unabdingbar ist. »Nun«, werden Sie vielleicht einwenden, »was gehen mich *Ben Hogans* Golfphilosophien und die Probleme der Spitzenspieler an, wenn ich trotz ständigen Übens und dem festen Willen zum Erfolg den Ball nicht einmal auf 80 m genau platzieren kann, wenn's darauf ankommt.« Und Sie werden womöglich hinzufügen: »Was habe ich nicht alles versucht. Lange Reisen zu den sog. Spitzenpros liegen hinter mir, Golfliteratur habe ich in Metern konsumiert, und meine Sammlung an Lehrvideos zerstört mittlerweile jede Wohnkultur in unserer Fernsehecke. Was hat mir dieser Aufwand letztendlich gebracht? Gar nichts, denn meine Handicap-Verbesserung letztes Jahr von 30 auf 25 hätte ich wahrscheinlich auch ohne diese Anstrengungen erreicht.«

Nur konsequent ist daher die Frage, woran es liegt, dass womöglich jeder von uns ein krasses Missverhältnis von Aufwand und Erfolg zu beklagen hat und Unzufriedenheit mit dem Erreichten ständiger Wegbegleiter ist. Es liegt, um die Frage aus unserer Sicht zu beantworten, an der Schwierigkeit des Golfspiels im Allgemeinen und an der Art und Weise, wie wir uns dem Spiel zu nähern versuchen, im Besonderen. Unsere Methodik ist ganz einfach falsch!

Wer gut und erfolgreich Golf spielt, beherrscht in Wahrheit einen 3-Komponenten-Sport. Das hat sich vielen Spielern, auch solchen, die schon einigermaßen erfolgreich sind, bis heute nicht erschlossen. Sie meinen immer noch, dass die Fähigkeit zu einem 200 m-Drive Garant für Handicap 5 sei. In Wahrheit aber ist keineswegs nur die Schwungtechnik ausschlaggebend, sondern in weit höherem Maße die innere Einstellung, die zum Beherrschen der jeweiligen Spielsituation führt – der viel zitierte mentale Bereich also. Und nicht zu

Abb. 3 + 4 »Der Platz war so schön, aber ich habe so miserabel gespielt.« Mit dieser vielfach zu hörenden Standardbestimmung des eigenen Könnens sollte es nach der Lektüre dieses Buchs ein Ende haben. Praia d'el Ray, einen der schönsten Plätze Europas im Norden von Lissabon so gut spielen zu können, dass Sie eine bleibende positive Erinnerung haben – es liegt an Ihnen.

vergessen die körperliche Fitness, ohne die die beiden anderen Komponenten nicht zum Tragen kommen können. Sagen Sie nicht, Golf sei kein Sport, und verweisen auf so übergewichtige Spieler wie *Russel Claydon* oder *Craig Stadler*. Beide können sicherlich nicht 5000 m unter 20 Minuten laufen. Aber in golferischer Hinsicht sind beide körperlich sehr fit. Konditionelle Probleme gibt es da absolut keine, denn Fitnesstraining hat auch bei solchen Spielern hohen Stellenwert. *Russel Claydon* wurde immerhin 1998 Sieger der BMW-Open in München-Eichenried. Ganz gezielt gründet der legendäre *Gary Player* seine Golfschule auf den Dreiklang von Technik, Physis und Psyche. Von diesen drei Komponenten, deren Beherrschen einen kompletten Golfer ausmacht, ist die mentale die weitaus wichtigste. Paradoxerweise wird an ihr – wie die Praxis zeigt – am wenigsten gearbeitet. Ohne das Beherrschen der mentalen Seite des Spiels wird kein Golfspieler sein volles Potential ausschöpfen können. Dies erklärt im Übrigen auch, weshalb so viele Spieler mit technisch großartigen Schwüngen niemals Turniere gewinnen. Von größter Bedeutung ist also, was sich in Ihrem Kopf abspielt.*

Und da herrscht mit Verlaub gesagt in Sachen Golf Verwirrung. Wir kommen zurück auf die fehlende Methodik und die Technik-Komponente, der ja die Aufmerksamkeit dieses Buches gilt. Manchmal kann man ja fast irre an sich werden, weil man vermeintlich einfache Bewegungsabläufe nicht in den Griff bekommt. Trösten Sie sich, jedem von uns geht es so. Die Bewegungsabläufe beim Golf folgen nämlich nicht gerade einem Muster, das auf Anhieb einleuchtet. Einige Beispiele: Wie habe ich es zu begreifen, geschweige denn umzusetzen, wenn zwei der wichtigsten Prinzipien eines Golfschwungs sich geradezu konterkarieren? Durch den Ball nach vorn durchzugehen (vgl. S. 89) heißt es da in jeder Anleitung, wobei man gleichzeitig aber immer betont hinter dem Ball zu bleiben hat. Oder: Ich soll den Schlägerkopf schnell machen, darf aber nicht zuschlagen, muss also meiner vermeintlich einzigen Kraftquelle entsagen.
Schwierig ist Golf ja auch schon deshalb, weil ich mich auf das Ziel immer aus seitlicher Sicht einzunorden habe. Eine Perspektive, die zu Beginn höchst gewöhnungsbedürftig ist.
Und für viele geradezu absurd ist die Vorstellung, dass man den Ball sozusagen in den Boden hauen muss, um ihn in die Luft zu bringen.
Die Beispiele lassen sich vielfältig erweitern und sind sicherlich ein großes Problem des Golfunterrichts. Denn solche Sachverhalte schlüssig aufzuklären und für die korrekte technische Umsetzung zu sorgen, ist extrem

* Zum mentalen Bereich empfehlen wir die Lektüre (leider nur in Englisch) von SAUNDERS und GALLWEY (siehe Literaturverzeichnis). Zwei herausragende Bücher! Lesenswert auch KELLEY: »The golfing machine«, Kap. 14.

»Das gibt´s doch gar nicht...«

1 2 3 4

Abb. 5 Schwungstudien an einem 13-jährigen. Er weiß nicht, wie es geht, aber es geht. Manche Erwachsene wissen, wie es geht, aber es geht nicht. Auch eine Tragik beim Golf.

schwierig und gelingt, wie die Erfahrung lehrt, nicht sehr häufig. Das ist nun keineswegs als eine Rundumkritik am Golfunterricht (durch wen auch immer) zu verstehen. Vielfach sagt und demonstriert ja der Golflehrer, wie es geht, aber viel zu häufig wirkt es einfach nicht. Das Demonstrierte will nicht in unseren Kopf, und auch der Körper macht einfach nicht mit. Das liegt zu einem beträchtlichen Teil daran, dass man fürs Erste den Sinn einer Empfehlung nicht erkennt. Warum etwa soll ich den Griff ändern, wenn der bis jetzt praktizierte mir viel mehr Sicherheit verleiht und sich so bequem anfühlt? Warum soll ich den Körper bis zur Schmerzgrenze drehen, wo mir doch das bloße Heben der Arme als Ausholbewegung viel natürlicher erscheint?

Das Vorbild der Kinder, die scheinbar mühelos und fast augenblicklich alles richtig machen, gilt erfahrungsgemäß nicht für Erwachsene, wobei wie immer Ausnahmen die Regel bestätigen. Die Ganzheitsmethode verfehlt bei uns Erwachsenen die Wirkung, weil wir alle mehr oder weniger kopfgesteuert sind. Unser ganzes Leben lang sind wir gedrillt worden, bei allen Entscheidungen den Kopf zu gebrauchen, und wir werden bewusst oder unbewusst nicht davon lassen, beim Golf den Geist als Regulativ einzusetzen. Nach dem Motto: Nur wenn ich auch überzeugt bin von dem, was ich tue oder lasse in meinem Spiel, komme ich voran. Von daher erweist sich die immer wieder zu hörende Empfehlung »vertraue deinem natürlichen Schwunggefühl« oder so ähnlich geradezu als Absurdität. Und zwar aus dem einfachen Grund, **weil ein technisch korrekter Golfschwung keine »natürliche« Bewegung darstellt. Ein guter Golfschwung muss gelernt werden.** *Joe Dante* sagt in diesem Zusammenhang, dass nicht ein Erwachsener unter 1 Million, der noch nie Golf gespielt hat, den Ball mit einem guten Schwung schlagen kann. Er wird ihn zu treffen versuchen mit Hilfe einer

Bewegung, die ihm natürlich erscheint und – einem guten Golfschwung in nichts auch nur ähnelt.
Wir, die Autoren, gehen von der in uns überaus gefestigten Einsicht aus, dass während des Lernprozesses selbst erst das Wissen um die richtige Bewegung geschaffen werden muss. Hier berufen wir uns im Übrigen auf den amerikanischen Golfguru *Jim Flick*, der allen Golfspielern sagt, dass der Golflernprozess in drei Stufen abläuft:

- unbewusst unfähig
- (bewusst unfähig)
- bewusst fähig
- unbewusst fähig

Wir fügen aus unserer Erfahrung noch eine weitere Stufe hinzu, nämlich »bewusst unfähig«. Nur den absoluten Spitzenspielern dürfte die Gnade der letzten Stufe zuteil werden, so dass wohl mit Fug und Recht gesagt werden kann, dass jeder Lehrer vornehmlich in der Stufe »bewusst fähig« agieren sollte. Wie in kaum einem anderen Sport müssen Sie beim Golf wissen, wie es geht. Der für seine Sprachgewalt gerühmte FRIEDRICH NIETZSCHE hat gesagt, dass guter Stil das Ergebnis klarer Gedanken sei. Analog dazu gilt für einen guten Golfschwung, dass für ihn klare Vorstellungen die Voraussetzung sind. »Der Vorfahre jeder Tat ist der Gedanke«, so der amerikanische Philosoph RALPH WALDO EMERSON. Unserer Grenzen als Golfbuchautoren sind wir uns im Übrigen durchaus bewusst. Neuere amerikanische Untersuchungen sorgen für klare Verhältnisse: Nur 15 % innerhalb des Lernprozesses machen die Information aus, die restlichen 85 % verteilen sich auf Ihre persönliche Einstellung zum Spiel, auf Ihre Willenskraft etwa im Hinblick auf den Trainingsfleiß, Ihr Talent und Ihre Fähigkeit für das Spiel mit dem Ball. Über die Lektüre dieses Buches beibringen können wir Ihnen das Golfspielen nicht. Wir können Sie aber lehren, wie man das Spiel erlernen kann – immer unter dem Gesichtspunkt: Was der Geist erfassen kann, kann der Körper auch erreichen.
Die Einschätzung, Golf sei ein so extrem schwieriger Sport, rührt unserer Ansicht nach daher, dass die meisten Spieler sich häufig vor Aufgaben gestellt sehen, deren Lösung ihnen unbekannt ist. Wie kann ich einen schweren Bunkerschlag, z. B. das gefürchtete Spiegelei, erfolgreich bewältigen, wenn ich gar nicht weiß, welche Technik dabei anzuwenden ist? Wüssten es die Spieler, bräuchten sie sich lediglich auf die erfolgreiche Anwendung dieser Technik zu konzentrieren und hätten sich nicht mit dem Problem völliger Ratlosigkeit herumzuschlagen. Wüssten Sie es, könnten Sie zudem gezielter und damit effizienter trainieren. Ein Teufelskreis tut sich da auf. Man wird nicht besser, weil man nicht übt. Man übt aber nicht, weil man keine klare Vorstellung davon hat, was man üben soll. Manche lassen sich da auch ganz bewusst ein Hintertürchen offen. Wer schlecht spielt, kann sich immer

mit dem Hinweis entschuldigen: »Ich habe ja auch nicht geübt.«
Jeder, wirklich jeder Schlag folgt eigenen, ganz spezifischen Gesetzen. Es ist technisch ein Riesenunterschied, einen Pitching Wedge aufs Ziel zu spielen oder von gleicher Stelle einen Sand Wedge, ob ich ein Eisen 5 als *Draw* oder *Fade* im Ziel landen lassen will. Ein guter Spieler oder einer, der Golf wirklich ernst nimmt, muss sich daher einen in seiner Menge kaum vorstellbaren Wissensstoff aneignen. Man bedenke, wie viel theoretisches Wissen die Spitzenspieler in ihren Büchern und Videos zu vermitteln trachten, wie viel **reiner Lernstoff** darin enthalten ist.

Abb. 6 Golf sollte eigentlich nicht so schwierig sein, wie immer behauptet. Es geht um nicht viel mehr als um eine Ausholbewegung (1) und dann die Fähigkeit, den Schläger beim Vorschwung genau in jene Position zu bringen, die hier der schwedische Tourspieler *Mats Lanner* vorzeigt (2). Wenn Sie mit Ihrem Schläger kurz vor dem Treffen des Balls exakt diese Stellung erreichen, sind nicht nur die notwendigen Längen Ihrer Schläge gesichert, sondern auch deren Präzision. Studieren Sie dazu – sozusagen als Schnellanleitung – unsere Ausführungen auf S. 106 f. Offensichtlich hat fast jeder von uns mit diesem golfspezifischen Bewegungsablauf seine liebe Not. Obwohl wir Autoren stets um die Konzentration auf das Wesentliche bemüht waren, brauchte es das gesamte vorliegende Buch, um diesen Bewegungsvorgang transparent zu machen.

1

2

Ein weiteres, ganz wesentliches Moment kommt hinzu: Es genügt nicht, das Wissen für die jeweils erforderliche Schlagtechnik zu besitzen, es muss in einem selbst auch derart geordnet vorliegen, dass es im entscheidenden Moment abrufbereit ist. Und dann vielleicht das Schwierigste überhaupt: In Augenblicken höchster Anspannung, wenn Ihre Nerven blank liegen, muss das Ganze auch noch umsetzbar sein. Stellen Sie sich einen Apothekerschrank aus Großvaters Zeiten mit seinen unzähligen Schubfächern vor. In jedes einzelne Fach haben Sie all Ihr Wissen und Können für eine bestimmte Spielsituation gepackt. Im entscheidenden Moment müssen Sie die richtige Schublade finden, sich genau des Inhalts erinnern und diesen dann technisch korrekt umsetzen können. So schaut erfolgreiches Golf aus – zumindest, was die technische Komponente anlangt.
Um der Frage zu begegnen, ob wir in dem vorliegenden Buch überhaupt etwas Neues zu sagen haben, ob denn nicht längst alles Wissenswerte vielfach niedergeschrieben und damit der Öffentlichkeit zugänglich gemacht worden ist: Erinnern Sie sich jetzt einfach einmal an die Lektüre Ihres letzten Golflehrbuches. Darin konnten Sie bestimmt die Aufforderungen lesen, die Hüfte aus dem Weg zu drehen, die Arme in den sog. *Hitting slot* fallen zu lassen, bevor der Ball getroffen wird, und eine Reihe anderer anatomischer Details. In aller Regel findet man sich als Leser mit solchen Ratschlägen allein gelassen, denn weshalb das so sein muss und wie genau es zu bewerkstelligen ist, diese Hilfestellungen werden nicht mitgeliefert.
Wir glauben erklären zu können, worin dieser Mangel seine Ursache hat: Fast alle Lehrbücher werden von Spielern mit großen Namen geschrieben. Für Könner stellen solche Einzelbewegungen kein Problem dar, weil sie derart in ihre Gesamtbewegung integriert sind, dass sie sich lernwillige Personen gar nicht vorstellen können, die mit der bloßen Aufforderung, die Hüfte aus dem Weg zu drehen, nichts anfangen können und einen viel ausführlicheren Erklärungsbedarf dazu haben. Wir sind an dieser Stelle so vermessen zu behaupten, dass wirklich gute Spieler ein effizientes Lehrbuch gar nicht schreiben können. Zu allererst deshalb, weil sie mit dem Golfschwung zu keiner Zeit irgendwelche Probleme hatten – zumindest nicht auf der Könnensstufe von Freizeitspielern. Wir dagegen setzen uns zum Ziel, ein Buch aus der Sicht eines Lernwilligen zu schreiben, der sich schrittweise an die richtigen Bewegungsabläufe herantastet und dem dabei alle wichtigen Fragen beantwortet werden.
Aber auch dies müssen wir Ihnen sagen: Dieses Buch ist keine Bettlektüre. Golf ist zu schwierig, um es Ihnen kurz vor dem Einschlafen näher zu bringen. Wir steigen tief, zum Teil sogar für Sie anstrengend tief in die Bewegungsabläufe ein. Damit kann das Buch für Sie zu einer »Arbeitsan-

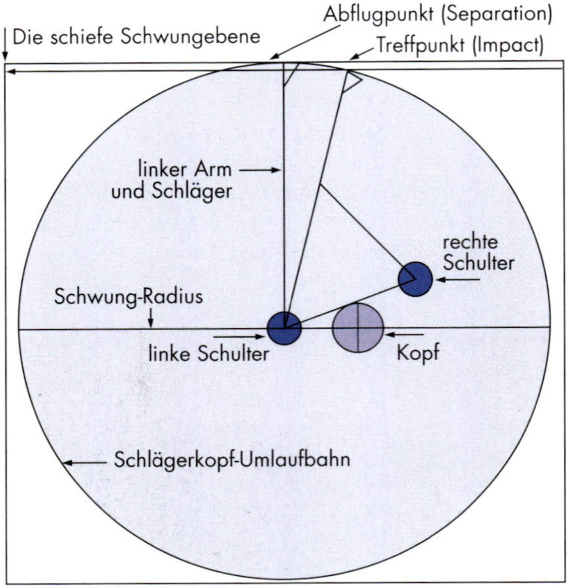

Abb. 7 Golfgeometrie. Die Wissenschaft hat sich in hohem Maße aller Bewegungen im Golf angenommen. Einheitliche Erklärungen und Interpretationen einzelner Phänomene gibt es bisher für viele Bereiche dennoch nicht. Um das, was auf dieser Grafik zu sehen ist, allgemein verständlich darzustellen, bedarf es des gesamten Buches, das Sie gerade in der Hand halten.

leitung« werden. Vieles wird für Sie, ganz gleich welchen Golfkalibers Sie sind, völliges Neuland sein und wird zumindest in der deutschsprachigen Fachliteratur erstmalig behandelt. Take it or leave it, um mit der golfspezifischen Ausschließlichkeit zu argumentieren!

In diesem Buch wollen wir auch den Versuch unternehmen, Ordnung und Übersicht in den Wirrwarr der Golfliteratur-Aussagen zu bringen. Wer auch nur zwei Golfbücher liest, wird zum Teil mit gänzlich widersprüchlichen Empfehlungen konfrontiert. Ein Umstand, der nicht gerade dazu beiträgt, den Lernprozess zu fördern. Während etwa *Ben Hogan* das absolute Stillhalten des Kopfes während des gesamten Schwungs als Voraussetzung für einen gut getroffenen Ball ansieht, sagen *Jim McLean* oder *Jimmy Ballard*, beide ungemein angesehene Golflehrer in Amerika, dass der Kopf sich während des gesamten Schwungs geradezu bewegen muss, weil jedes Stillhalten die natürliche menschliche Bewegung unmöglich mache. Wem soll man bei so viel Autorität glauben? Wir sind nicht so vermessen und empfehlen Ihnen, nur uns zu glauben, so wie das im Übrigen eine Reihe von Golfbuchautoren ganz unverblümt tut. Wir haben uns, wie wir meinen, eine unabhängige Autorität für die Entscheidung strittiger Fragen herausgesucht – die Spitzenspieler nämlich der amerikanischen Tour. *Dr. Ralph Mann*, Silbermedaillen-Gewinner über 400 m Hürden bei den Olympischen Spielen 1972 in München, hat ein Bewegungsmuster für den Golfschwung veröffentlicht. Mit Hilfe des Computers hat er die Schwünge von mehr als 50 Spitzen-Professionals bis ins Kleinste analysiert und daraus ein ganzheitliches, mit neuesten biomechanischen Erkenntnissen unterfüttertes Bewegungskonzept erstellt. Sehen Sie selbst, wie wir die Frage des »Kopfes« beantworten (vgl. S. 88).

»Das gibt´s doch gar nicht...«

In unseren Anschauungen geprägt sind wir vornehmlich durch die Werke von *Hogan, Dante, Kelley, Hebron* und *Faldo* (vgl. Literaturverzeichnis): Schwungtechnik-Denker von elementarer Wucht, wie wir meinen, und oft unverstanden, weil ihrer Zeit weit voraus.
Durchaus bewusst ist uns das Problem, dass es keineswegs nur <u>ein</u> Wissen um den richtigen Golfschwung gibt und dass nur <u>eine</u> Technik für einen bestimmten Schlag zum Erfolg führt. Schauen Sie sich in diesem Zusammenhang den amerikanischen Ryder-Cup-Spieler *Jim Furyk* an. Für jeden von uns muss es ein Rätsel bleiben, wie man mit so einem verqueren Schwung einen Golfball überhaupt treffen kann, noch dazu mit einer Präzision, die ihresgleichen sucht. Und doch müssen in diesem Schwung alle wesentlichen Elemente enthalten sein, sonst wäre der Spieler kein Millionär.
Diese wichtigen Grundvoraussetzungen, die sog. *Basics*, wollen wir Ihnen in diesem Buch näher bringen. Dabei ist es gleichgültig, ob Sie mit Golf gerade beginnen oder ob Sie schon ein alter Hase sind und Antworten auf Probleme in Ihrer Technik suchen, die Sie bisher nicht gefunden haben.

Der vorliegende dritte Band aus der Serie »Richtig Golf« beschäftigt sich mit der **Kraft**, die Ihren Schlägen die erforderlichen und so heiß ersehnten Längen verleiht, und mit den Voraussetzungen für die exakte **Richtung**, die Ihnen ein präzises Spiel ermöglichen.
Mehr wissen, mehr können – das ist unser Motto.

Abb. 8 Der Einhand-Schwung des *Mark McNulty*. Eine der besten Übungen, sagt er, um Rhythmus, Tempo und Timing zu schulen.

Alles beginnt mit dem Rückschwung

> *Des Golfers Kraft hat ihren Ursprung in den Bewegungen des Körpers. Dessen Kraft wird auf die Arme übertragen und dann auf die Hände. Mit jeder Übertragung vergrößert sich die Kraft enorm, ähnlich einer Kettenreaktion in der Physik.*
>
> BEN HOGAN

Fragen Sie Ihre Freunde im Club, woher *Tiger Woods* oder *John Daly* die Kraft nehmen, ihre Bälle über 300 m weit zu schlagen. »Die hauen halt richtig drauf«, wird die Antwort sein, oder aber noch lapidarer: »Keine Ahnung.« Das jedenfalls ist unsere Erfahrung. Nur ganz wenige wissen Bescheid.
Ein Golfball fliegt umso weiter, je größer die Geschwindigkeit des Schlägerkopfes ist, wenn dieser auf den Ball trifft. Angenommen, Sie sind in der Lage, den Schlägerkopf Ihres Drivers im Treffmoment 160 km/h schnell zu machen, dann wird, das haben spezielle Messungen belegt, diese Geschwindigkeit durch den Aufprallschock auf knapp 130 km/h reduziert. Der Ball aber startet mit einer Geschwindigkeit von ca. 240 km/h. Das liegt in seiner Elastizität begründet, die – vereinfacht ausgedrückt – dafür sorgt, dass der Golfball immer um 70–80 % schneller ist als die Schlägerkopfgeschwindigkeit nach dem Aufprallschock.
Den Schlägerkopf also schnell zu machen, darum geht es. Das gelingt am besten, wenn Sie den Schlägerkopf auf eine Umlaufbahn um Ihren Körper herum bringen. Drehen Sie Ihren Körper beim Vorschwung, wirken auf den Schlägerkopf Kräfte ein, die zu erstaunlichen Geschwindigkeiten führen und sich in Größenordnungen bewegen, die kaum einer von sich erwartet hätte, würden sie nicht durch Messungen offenkundig. Spitzenathleten erreichen beim Abschlag Schlägerkopfgeschwindigkeiten von über 200 km/h, der sportliche Durchschnittsgolfer so um die 150 km/h. Die Körperdrehung nach rechts, der Rückschwung also, muss so ausfallen, dass beim Vorschwung eine hinreichend kräftige Drehung nach links erfolgen kann. Ein guter Rückschwung ist somit eine der wesentlichen Voraussetzungen dafür, den Ball weit zu schlagen. **Gutes Golf ist Power Golf!**

Aufdrehen

Erfahrene Golflehrer bestätigen, dass die Analyse von Schwungfehlern, um derentwegen Schüler Rat und Hilfe suchen, in den meisten Fällen auf einen mangelhaften Rückschwung hinausläuft. Näheres Hinsehen offenbart einerseits nicht ausreichendes Aufdrehen der Schultern oder andererseits Schwungebenen, die auf Desaster programmiert sind. Ein

Abb. 9
Ein perfekter Rückschwung. Der Körper des schwedischen Tourspielers *Mats Lanner* ist voll aufgedreht. Am deutlichsten ist dies an den Schultern zu erkennen. Man spürt förmlich, wie viel Energie sich im nächsten Augenblick auf den Ball entladen wird.

Alles beginnt mit dem Rückschwung

- Über Länge und Richtung des Ballfluges entscheidet nicht, wie häufig angenommen, der Vorschwung, sondern vor allem der Rückschwung, genauer gesagt die richtige Körperdrehung und der Aufbau von Körperspannung. Ohne eine korrekte Körperdrehung beim Rückschwung ist ein kraftvoller und wiederholbarer Ballkontakt unmöglich.
- Mit dem richtigen Aufdrehen schlägt der Spieler zwei Fliegen mit einer Klappe: Er legt den Grundstein für Länge und Genauigkeit. Golf spielen kann man sicherlich auch bei Einsatz von lediglich Armen und Händen, aber der kraftvolle und gerade Abschlag gelingt eben nur, wenn der Körper optimal aufdreht.
- »Beende deinen Rückschwung« (im Sinne größtmöglicher Schulterdrehung) wäre die Empfehlung von *Jack Nicklaus*, wenn er nur einen einzigen Ratschlag geben dürfte.
- Wenn *Jack Nicklaus* unbedingt ein paar Meter länger sein will, versucht er sich um einige Millimeter mehr aufzudrehen.
- »Je mehr du deine Schultern drehen kannst, umso besser«, sagt *Ben Hogan*.
- Mit dem korrekten Rückschwung aktivieren wir die großen Muskeln in unserem Körper, vor allem die Rücken-, Becken- und Oberschenkelmuskulatur. Damit schwindet die Verkrampfung aus den Armen, was der Präzision und der Weite der Schläge zugute kommt.
- Je besser der Rückschwung, umso geringer die Notwendigkeit, beim Vorschwung (instinktiv) Fehler korrigieren zu müssen.
- Nur über das Aufdrehen gelingt es uns, das gesamte körpereigene Hebelsystem zu nutzen.
- Über unsere Körperkraft hinaus unterstützt uns jetzt auch die Schwer- und Zentrifugalkraft.
- Im Rückschwung wird der Bewegungsfluss des gesamten Schwungs (Timing) festgelegt. Es muss eine fließende und rhythmische Bewegung gelingen, andernfalls ist es unmöglich, den Ball kraftvoll und präzise zu schlagen.
- Das Aufdrehen ist wesentlicher Baustein für Stil und Form des Schwungs. Mit dem verbesserten Grad des Aufdrehens wird jeder Schwung flüssiger und eleganter.
- Vom Start des Rückschwungs bis zum Treffpunkt des Balls vergehen durchschnittlich 1,2 Sekunden. 0,8 davon beansprucht der Rückschwung. Auf diesen können wir sehr viel mehr willentlich Einfluss nehmen als auf den Vorschwung.

korrekter Rückschwung zählt zu den viel zitierten *Basics*, auf ihn kann daher gar nicht genug Augenmerk gelegt werden.
Ob Sie es glauben oder nicht: Wenn Sie die nachfolgenden einfachen Übungen **nicht überlesen**, sondern sich mit ihnen ernsthaft auseinandersetzen, haben Sie eine der zentralen Bewegungen des Golfschwungs ein für allemal verstanden, mit dem 100-prozentig garantierten Resultat, den Ball weiter als bisher zu schlagen.
Wir wollen erreichen, dass Sie die in der Golfliteratur viel zitierte Aufdrehbewegung körperlich wahrnehmen und über das dabei deutlich spürbare Ziehen in Ihrer Muskulatur fühlen können, wie sich Spannung in Ihnen aufbaut. Folgerichtig müsste sich in Ihnen die Einsicht festigen, dass sich der Schlägerkopf erkennbar schneller schwingen lässt als bisher.
Das Drehen der Schultern und Hüften ist eine Bewegung, die jeder gesunde Mensch problemlos ausführen kann. Sie könnten sich jetzt selbst motivieren, wenn Sie bisher wenig Erfolg und auch keinen rechten Gefallen am Golf gefunden haben, dass Sie sozusagen am Beginn einer neuen Karriere stehen. So kommt jetzt die sportliche Note sehr wirksam zur Geltung. Beim Aufdrehen des Körpers werden – fast möchte man sagen – alle Muskeln betont strapaziert. Sie spüren dies deutlich im rechten Oberschenkel, in der Rumpfpartie und im linken oberen Schulterbereich. Vorsicht, wenn Sie unter Rückenproblemen leiden: Bei Überdrehen besteht Verletzungsgefahr. Gegebenenfalls sollte langsam begonnen und dann der Grad der Drehung gesteigert werden. Größere Beweglichkeit durch Training zu erzeugen ist für die meisten von uns nur eine Frage der Motivation. Trockenübungen und gezielte Gymnastik unterstützen Ihre *Drives* nachhaltig.

Abb. 10 Ein immer noch perfekter Rückschwung. *Ben Hogan* im Alter von fast 80 Jahren. *(Aus Golf Digest)*

Abb. 11 Alles beginnt damit, dass Sie sich aufrecht hinstellen und den gesamten Körper nach rechts drehen, so als wollten Sie hinter sich schauen. Schon bei dieser ganz einfachen und natürlichen Bewegung merken Sie, dass man sich dabei auch plagen kann, indem man versucht, die Drehung bis an die Schmerzgrenze zu treiben. Auf jeden Fall ist sie mit körperlicher Arbeit verbunden, und ein spürbares Ziehen der Muskulatur ist die Folge.

Abb. 12 Mit der 2-Schläger-Übung lässt sich die Körperdrehung ins Golfgeschehen übertragen. Durch Drehen der Schultern und Hüften, darum geht es jetzt ganz besonders, werden beide Schläger zur optischen Deckung gebracht. Gehen Sie in die Knie und geben Sie diese gewinkelte Kniestellung niemals auf. Achten Sie darauf, dass das rechte Knie bei der Drehbewegung gebeugt bleibt und nicht nach rechts ausbricht. Jetzt, wo Sie den Ball fixieren müssen, wird das Schulterdrehen spürbar mühsamer. Machen Sie die Übung zu Hause vor einem Spiegel. Sehen Sie dabei selbst, bis zu welchem Grad sich Ihre Schultern und Hüften drehen lassen. Rechte Hüfte nach hinten und linke Schulter in einer Drehbewegung nach rechts unters Kinn – das muss Ihr Ziel sein.

1

2

1

2

3

Führen Sie jetzt in Sachen Aufdrehen einen Test durch. Stellen Sie sich beim Drehen vor, Sie wären mit Ihren Füßen in Beton gegossen, was soviel heißen soll, dass Ihr Unterkörper in seinen Bewegungsmöglichkeiten deutlich eingeschränkt ist. Ihr Gefühl für korrektes, Längen bringendes Aufdrehen wird jetzt dahingehend erweitert, dass die Feder tatsächlich erst richtig gespannt wird, wenn das Aufdrehen gegen den sog. festen Stand erfolgt. Elastizität im Schulterbereich, ja im gesamten Körper ist jetzt gefordert. Es bedarf – deutlich wahrnehmbar – erheblicher Anstrengung, um gegen den festen Stand aufzudrehen. Stellen Sie sich des Weiteren vor, Sie stünden mit Straßenschuhen auf einer Eisfläche und müssten sich aufdrehen.

Abb. 13 Das sollte Ihnen zur täglichen Pflicht werden: Mit dem rechten Arm wird der Drehabstand festgelegt und dann folgt die komplette Schulterdrehung bis zum Anschlag der linken Hand. Achten Sie darauf, in welchem Maß sich der Rücken zum Ziel dreht. Durch regelmäßiges Üben trainieren Sie sich die hierfür notwendige Flexibilität und Lockerheit im Nackenbereich an. Sie sollten jetzt an sich ganz bewusst feststellen, wie sich die linke Hand und der linke Arm vom Körper wegstrecken und dabei gleichzeitig die rechte Körperseite um Ihre Wirbelsäule nach hinten dreht. In einem Spiegel können Sie sehen, wie Ihr Kopf – wenn Sie die Übung wie beschrieben ausführen – dort bleibt, wo er anfangs war.

In solcher Situation würden Sie eine sehr gute Idee davon bekommen, welche Wichtigkeit den Füßen und daraus resultierend einem festen Stand zukommt.

Abb. 14 Das ist schulmäßiges Aufdrehen, wie Sie es nach gezieltem Training erreichen sollten. Die Schulterdrehung beträgt 90°, die Augen haben zu keiner Zeit aufgehört, den Ball zu fixieren. Beide Knie sind gebeugt, die rechte Hüfte hat sich etwa 45° um ein stabiles rechtes Bein gedreht. Beachten Sie, dass bei dieser Drehung Ihre linke Ferse nicht vom Boden abhebt. Wenn Sie vor Ihrem Spiegel daheim oder auf der Driving Range an dieser Position arbeiten, werden Sie feststellen, wie Ihre Beine und Füße im Mittelpunkt Ihrer Bemühungen stehen, wie Sie sich immer neu hinstellen, um die gewünschte Position tatsächlich auch zu erreichen. Unbewusst arbeiten Sie dabei an Ihrem Stand, und bewusst kann Ihnen jetzt schon werden, welche Bedeutung ein guter und sicherer Stand hat, und weshalb daher beim Golflernprozess dem korrekten Stand und der damit in Verbindung stehenden Ansprechposition (vgl. S. 29 f.) so große Bedeutung beigemessen wird.

Nun werden Sie vielleicht einwenden, dass das von Ihnen Verlangte nicht nachvollziehbar ist, weil Ihnen dazu die körperlichen Voraussetzungen fehlen. Durchaus möglich! Dennoch haben wir ganz bewusst bis jetzt auf das schulmäßige Aufdrehen innerhalb eines idealen Rückschwungs so großen Wert gelegt. Es geht nämlich vor allem darum, das Prinzip deutlich zu machen und die anatomisch-physikalischen Gesetze als Körpergefühl zu verankern. Eben weil das Aufdrehen von so fundamen-

Kraft = Drehen

- Optimales Aufdrehen im Rahmen der gegebenen körperlichen Möglichkeiten ist eine Grundvoraussetzung für jeden Golfschlag.
- Der Körper muss sich stets daran erinnern können, wie er sich richtig aufdreht.
- Das Aufdrehen wird als die absolut wichtigste Voraussetzung für einen kraftvollen und präzisen Vorschwung begriffen.
- Verunglückte Schläge haben ihre Ursache fast immer im mangelhaften Aufdrehen.
- Schon kleinste Verbesserungen beim Aufdrehen führen zu sichtbaren Erfolgen.
- Am korrekten Aufdrehen muss ständig gearbeitet werden.

taler Bedeutung für Ihr weiteres Golfschicksal ist. Das Prinzip zu verstehen ist wichtig, und dann gemäß dem individuellen anatomischen Möglichkeiten aufzudrehen, das sollte die weitere Vorgehensweise bestimmen.
Zur Gretchenfrage: Warum eigentlich muss ich mich überhaupt aufdrehen, wieso kommt der Körperdrehung und insbesondere der Schulterdrehung eine derartige Bedeutung zu? Das hat zum einen mit der gewünschten Schlägerkopfgeschwindigkeit zu tun. Je weiter weg vom Ball ich nämlich den Schlägerkopf beim Rückschwung bringen kann, desto mehr Anlaufweg habe ich, ihn beim Vorschwung auf Touren zu bringen. Die Schultern schaffen in Verbindung mit den Armen die hierfür bestmögliche Voraussetzung. Schultern, Arme und Hände bilden das sog. *Power-Package* (vgl. S. 114). Zum anderen ist es so gut

Abb. 15
Drehen Sie sich versuchsweise einmal im Knien auf. Sie werden dabei sehr deutlich spüren, wie es um die Elastizität Ihrer Schultern und Hüften bestellt ist.

wie unmöglich, den Ball konstant gleich weit und auch genau zu schlagen, wenn der Grad der Schulterdrehung bei jedem Schlag ein anderer ist.
Beobachten Sie in Sachen Genauigkeit daraufhin einmal Ihre Mitspieler. Folgendes Phänomen ist geradezu klassisch: Immer dann, wenn aus Gründen fehlender Konzentration oder Ermüdung nicht mehr voll aufgedreht wird, ist in der Regel ein Slice oder Pull die Folge. Der Grund: Instinktiv spürt der Spieler, dass er sein gewohntes Potential nicht einsetzt, und strebt nach Ausgleich, indem er die rechte Körperseite in den Schwung wirft.
Was die Konstanz von Länge und Richtung anlangt, so wird diese in überwiegendem Maß vom Grad der Körperdrehung und im Besonderen von der Schulterdrehung bestimmt. Setzen Sie sich daher zum Ziel, sich bei Ihren langen Schlägen immer gleich weit aufzudrehen, gleichgültig, welchen Schläger Sie in der Hand halten.

Im Folgenden ein Exkurs in Sachen Schulter- und Hüftdrehung für diejenigen unter Ihnen, die es genau wissen wollen. Während die 90°-Norm der Schulterdrehung unter allen Spielern und Lehrern unstrittig ist, besteht über das Ausmaß der Hüftdrehung keine Einigkeit. Die 45°-Hüftdrehung ist zum Beispiel *Fred Couples* viel zu wenig. Sein Credo ist, dass, je weiter man die Hüfte zurückdreht, man auch die Schultern zurückdrehen kann.

Er steht damit keineswegs allein, denn eine breite Lehrmeinung besagt, nur wenn die Hüfte im Rückschwung deutlich zurückgedreht wird, kann sie sich im Vorschwung auch wieder richtig vordrehen und damit den Armen und dem Schläger große Kraft verleihen, um durch den Ball zu peitschen. Viele Professionals pochen dagegen auf die 90°-Schulterdrehung, den Unterkörper und damit die Hüften aber weitgehend in einer festen Position zu belassen, was allerdings gute Athletik voraussetzt und bei exzessivem Training zu Rückenschäden führen kann. Die Drehbewegung zurück würde dadurch sehr viel ruhiger, und durch das Aufdrehen des Oberkörpers gegen den Unterkörper (von den Hüften abwärts) entstehe jene wahre Gesamtspannung im Körper, welche einen optimalen Energieaufbau überhaupt erst ermögliche. Beide Ansichten finden ihre Bestätigung in Messungen von *Jim McLean*, einem bekannten amerikanischen Golflehrer, der bei Spitzenpros Schulterdrehungen zwischen 69 und 114° festgestellt hat und Hüftdrehungen zwischen 37 und 70°. Weil bei dem Aufdrehen die Schultern und Hüften ein X bilden, hat er den Begriff **X-Faktor** eingeführt. Nach seiner Ansicht kommt es für einen kraftvollen Rückschwung weniger auf das Ausmaß der Schulterdrehung als vielmehr auf die Differenz von Schulter- und Hüftwinkel an, eben auf jenen X-Faktor. Als Beispiel führt er *Tommy Armour* an, der seine Schultern nur um 69° dreht. Da aber auch

seine Hüftdrehung nur schwach ist, führt dies zu einem hohen X-Faktor, und folgerichtig darf sich *Armour* auch zu den sog. »Longhittern« zählen.
Offensichtlich ist für die Länge in den Schlägen nicht ausschließlich die Schulterdrehung entscheidend, sondern das Verhältnis von Schulter- und Hüftdrehung zueinander. Der X-Faktor ist bei »Longhittern« nachweislich höher als bei »Shorthittern«. In diesem Geschehen spielt, wie manche Golfbuchautoren glauben, der Körperbau eine wichtige Rolle. Wer rank und schlank ist, brauche seine Hüfte im Rückschwung bewusst nicht so zu drehen wie breit und schwer gebaute Personen. Schlanke Spieler sind in der Regel beweglicher. Bei ihnen wird die gewünschte Körperspannung ganz natürlich durch eine ausgeprägte Verwringung erzielt, wohingegen schwergewichtige Golfer aufgrund ihrer größeren Unbeweglichkeit zu dieser gar nicht in der Lage sind. Sie müssen sich andere Kraftquellen zunutze machen, zum Beispiel die Arme oder die Hände.

Zurück zum aktuellen Geschehen. Immer noch sind wir beim Aufdrehen und wollen einmal davon ausgehen, dass Sie bisher unseren Empfehlungen gefolgt sind und im Selbststudium (vor einem Spiegel) oder mit Ihrem Golflehrer zusammen alles richtig gemacht haben. Wer aber garantiert Ihnen, dass Sie auch morgen noch alles fehlerlos absolvieren können und nicht schon nach kurzer Zeit vergessen, was Sie heute so gut beherrschen? Welche Parameter für richtiges Aufdrehen (gegen den Stützpfeiler rechtes Bein, vgl. S. 55) im Rückschwung gibt es? Folgende Tipps bieten sich an:

- Linke Schulter nach rechts unters Kinn,
- rechte Schulter zurück,
- Rücken zum Ziel.

Das »körperliche Erinnern« spielt in diesem Zusammenhang eine entscheidende Rolle. Sie müssen für sich einen »Check« finden, der Sie überzeugt, richtig aufgedreht zu haben. Finden Sie unter den drei oben genannten Empfehlungen (vielleicht entwickeln Sie aber auch ganz persönliche) heraus, welche für Sie das Zauberwort ist. Und mit solchen Empfehlungen an sich selbst gilt es jetzt zu üben. Sie sollten sich klar sein, dass nur durch regelmäßiges und gezieltes Üben die korrekten Bewegungsabläufe zur Gewohnheit werden können. *Gary Player* sagte einmal: »Gutes Golf ist 5 % Talent und 95 % Fleiß«, und »Je mehr ich übe, umso mehr Glück habe ich.«
Geist und Körper müssen im Gleichklang das Ziel »korrektes Aufdrehen« ansteuern. Eine Supertechnik nutzt gar nichts, wenn Sie sie schon nach kurzer Zeit wieder vergessen haben oder sich in heißen Momenten nicht nutzbar machen lässt. In jedem von uns Spielern muss sie stets abrufbar sein. Denken Sie immer an die Kausalkette:

⇒ Missglückte Schläge ⇒ schlechtes Aufdrehen ⇒ Was muss ich machen? ⇒ Linke Schulter über den rechten Fuß ⇒ Wunderbar!

Hilfreich ist die Unterstützung durch die Videokamera, vor allem für jene, die mit dem Auge lernen. Um sich die gesamte Körpermechanik des Aufdrehens dauerhaft einzuprägen, eignet sich bestens das Selbststudium zu Hause vor einem großen Spiegel und vor allem spärlich bekleidet. Die anatomische Kettenreaktion wird für Sie durch nichts deutlicher.

1

2

Abb. 16 Der Rückschwung von Achim zeigt die wichtigsten Kriterien. Die linke Schulter befindet sich annähernd über dem rechten Fuß (1). Der »betonierte« Stand spiegelt das Aufdrehen gegen fest verankerte Füße – manche Spitzenspieler betonen dabei den Widerstand, der vor allem vom rechten Knie ausgeht. Das rechte Bein bildet eine Art Stützpfosten, um den herum das gesamte Geschehen abläuft (2).

Mit dem Schläger

Üben sorgt für Gewöhnung – nicht für Perfektion. Wer Perfektion anstrebt, muss den perfekten Schwung üben.

PETER KOSTIS

Wahren Sinn macht die mühsame Arbeit an der Schulter- bzw. Körperdrehung natürlich erst, wenn Sie dabei den Schläger in der Hand halten. Sofort stellt sich jetzt die Frage: Wie soll ich den Schläger denn zurückschwingen, wo soll er denn am Ende des Rückschwungs landen? Habe ich die Hände, wenn ich alles richtig gemacht habe, über dem Kopf oder nur etwa in Schulterhöhe? Fragen über Fragen also; die Fachliteratur ergeht sich diesbezüglich in ellenlangen Diskursen.

Mit unserer Empfehlung, wie ein guter Rückschwung unkompliziert auszuführen ist, folgen wir der geradezu genial einfachen Anweisung des englischen Tourspielers *Paul Eales*. Man solle sich, sagt dieser, **auf eine einzige Bewegung konzentrieren: das Drehen der linken Schulter bis hin zum oder sogar über den rechten Fuß.**

Während dieser Bewegung ist darauf zu achten, dass das Ende des Schlägergriffs im ersten Drittel des Rückschwungs immer auf den Bauchnabel gerichtet bleibt. So wie in der Ansprechposition. *Faldo* und *Leadbetter* sprechen in diesem Zusammenhang davon, dass der Rückschwung mit dem Drehen des Bauches beginnt.

Damit das alles im gewünschten Sinn klappen kann, muss sich Ihr Körper in der richtigen Startposition befinden. Bevor wir daher mit dem Rückschwung fortfahren (vgl. S. 34), ein paar Worte zur Ansprechposition. *Faldo* weist genau in diesem Zusammenhang auf die Bedeutung der richtigen Ansprechposition und des korrekten Griffs hin, ohne die das Feilen am Schwung aus seiner Sicht nahezu sinnlos ist. Auf Dauer gesehen, sagt er, stellt sich Erfolg auf dem Golfplatz exakt nur in jenem Maße ein, wie man den *Basics* Respekt zollt.

»What you set is what you get«

Jedesmal, wenn Sie sich zu einem Golfschwung anschicken, unterziehen Sie sich zwei größeren Bewegungseinheiten. Die zweite besteht aus der gesamten Schwungbewegung, der naturgemäß Ihre ganze Aufmerksamkeit gilt, weil sie, wie von der großen Mehrzahl aller Spieler geglaubt, am Erfolg des Schlags hauptsächlichen Anteil hat. Erfolgreiche Spieler stimmen da nicht uneingeschränkt zu. Für sie ist die erste Bewegungseinheit von nicht minderer Bedeutung, der Übergang nämlich von der normalen Stand- in die korrekte Ansprechposition. Die Erfahrung lehrt, dass, wenn auf diesem Felde Fehler gemacht werden, Sie diese während des gesamten Schwungs mit sich schleppen müssen – mit der Folge von Schwierigkeiten ohne Ende.

What you set is what you get – präziser lässt es sich nicht sagen. Das heißt: Was Sie (körperlich und mental) vorgeben, das zeigt sich auch in Ihrem Schwung (und damit im Ergebnis).
In jeder Sportart sind gewisse Körperhaltungen Voraussetzung für korrekte Bewegungsabläufe. Golf macht da keine Ausnahme, bietet aber einen nicht zu übersehenden Vorteil. Weil der Ball nicht wie etwa beim Tennis aus der Bewegung heraus geschlagen werden muss, sondern still liegt, kann man nur jede erdenkliche Aufmerksamkeit jener Position widmen, aus der heraus er geschlagen werden soll. Wenn Sie gezielt und mit allem Einsatz an der Verbesserung Ihrer Golftechnik arbeiten, so liegt ein wesentlicher Schlüssel zum Erfolg auch in einer guten Ansprechhaltung. Zu keiner Zeit sollten Sie deren Bedeutung unterschätzen. Nicht gleich mitten hinein in den Schwung. Verwenden Sie ausreichend Zeit, sich ein gutes *Set up* anzueignen. Nach *Ralph Mann* schaffen Sie sich folgende Vorteile:

1 Ihr Körper kann sich drehen, ohne sich verkünsteln zu müssen.

2 Ihre Hüften können – deutlich spürbar – das Kommando übernehmen, und vor allem:

3 Ihr Körper kann im Vorschwung die linke Seite hoch und die rechte »runter und unten durch« halten, was die ideale Bewegung begünstigt (vgl. S. 95).

Ohne Frage leistet die korrekte Ansprechhaltung der während des Schwungs geforderten Balance und auch der Gewichtsverlagerung in wünschenswertem Umfang Vorschub. Wie bei den Empfehlungen zum guten Griff (vgl. S. 67 f.), so muss auch die Ansprechhaltung sich dem Diktat des Treffmoments unterziehen. Alle ihre nutzbringenden Wirkungen sollen exakt dann kulminieren, wenn der Ball getroffen wird. Im Einzelnen hat *Mann* an den amerikanischen Tourspielern Folgendes herausgefunden:

Abb. 17 Der linke Fuß ist in etwa 25° nach außen in Richtung auf das Ziel gestellt. Die Breite des Stands, von Fußspitze zu Fußspitze gemessen, beträgt etwa 5 cm mehr als Ihre Schulterbreite. Achten Sie darauf, dass nur der linke Fuß ausgestellt ist, der rechte sich dagegen in »squarer« Position befindet (1). Aufs Ziel hin betrachtet zeigt sich zudem, dass der rechte Fuß sich 2–3 cm näher am Ball befindet als der linke – der Stand ist also zum Ziel hin leicht offen (2).
Ihr linker Arm sollte ein Teil einer geraden Linie von der Schulter hinunter bis zum Schlägerkopf bilden. Im Gegensatz dazu reicht der rechte in leicht geschwungener Linie von Ihrer abgesenkten Schulter vor dem Körper bis zum Griff hinunter. Beide Hände kommen, wenn Sie alles richtig gemacht haben, knapp innerhalb des linken Oberschenkels zusammen (1). Von hinten betrachtet zeigt sich, dass die Hände ein wenig außerhalb der Schultern sind. Der linke Arm ist wie gesagt gerade (nicht steif) und der rechte leicht gebeugt, so als wolle er schon jetzt das Falten während des Rückschwungs vorwegnehmen. Weil der rechte Arm dabei leicht zurückgenommen ist, ist der linke gut zu sehen (2).

Abb. 18 Bei allen normalen Schlägen aus ebenen Lagen sollte Ihr Körpergewicht auf beide Beine gleichmäßig verteilt sein und gleichermaßen auch zwischen den Ballen und Fersen Ihrer Füße. Bei genauerem Hinschauen erkennen Sie, dass das rechte Knie leicht einwärts gebeugt ist. Dies machen gute Spieler ganz bewusst, weil sie sich dagegen wappnen wollen, dass ihre Gewichtsverlagerung beim Rückschwung über das rechte Bein hinausgeht. Eine Bewegung, die als »das rechte Knie bricht aus« bezeichnet wird (1).
Die Sicht von hinten zeigt die gebeugten Knie. Elastische Knie schaffen die Möglichkeit, die Auf- und Niederbewegungen während des Schwungs zu kontrollieren. Besonders auf das gebeugte rechte Knie wird gleich noch näher einzugehen sein (vgl. S. 56). Halten Sie immer den Kopf so hoch, dass die linke Schulter im Rückschwung nicht am Kinn »aneckt«. Die eingezeichneten Körperwinkel bieten Ihnen die Möglichkeit, vor dem Spiegel Ihre eigenen zu kontrollieren (2).

1

2

1

2

Alles beginnt mit dem Rückschwung

Abb. 19 Vor allem einer unbehinderten Hüftbewegung dienlich ist das leichte Kippen des Oberkörpers weg vom Ziel. Das Zentrum der Hüften erreicht dadurch eine Position, die knapp vor jenem der Schultern liegt. Die Grafik zeigt es Ihnen. Manche Experten sprechen hier auch von einer »umgekehrten K-Position«.

Abb. 20 Genaue Beachtung der Schultern lohnt sich. In der Ansprechhaltung sind sie gekippt und offen. Die Schultern sind so gekippt, dass die rechte, natürlich auch griffbedingt, deutlich unter der linken ist (1). Das hat vor allem den Vorteil, dass die Hände, der Schläger und der Ball vorn im Stand, sprich auf Höhe der linken Ferse positioniert werden können. Nach neueren biomechanischen Erkenntnissen erlaubt dieses Schulterkippen zudem größere Bewegungsfreiheit beim Schulterdrehen sowohl im Rück- als auch im Vorschwung. Auch sollten Sie es, sofern nicht schon geschehen, einmal mit leicht offenen Schultern versuchen, so wie es von oben deutlich wird (2). Sehr viele gute Spieler empfehlen diese Schulterstellung ganz ausdrücklich vor allem deshalb, weil wiederum der Ball leichter weiter vorn angesprochen werden kann, und weil die Körperdrehung vor allem beim Vorschwung unterstützt wird.

1

2

Abb. 21 Was die so viel diskutierte »richtige« Ballposition in der Ansprechhaltung (1) anlangt, verweisen wir auf die Situation im Treffmoment (2). Durch die Ballposition vorn im Stand befindet sich der Körper in hervorragender Balance im Treffmoment. Der Körper kann mit der geschilderten Ansprechhaltung vor allem nachhaltig das »linke Seite hoch und rechte Seite runter und unten durch« fordern, eine Zentralbewegung in einem effizienten Golfschwung. Die annähernd gerade Linie Schulter/Ball zeigt zudem aus biomechanischer Sicht, dass der Drehimpuls aus den Schultern heraus am effizientesten auf den Schlägerkopf übertragen wird. Überprüfen Sie es an sich selbst: Bei empfohlener Ansprechhaltung und korrektem Griff (vgl. S. 67 f.) wird das Schlägerblatt in der Treffzone *square* zum Ziel ausgerichtet (vgl. S. 68).

1 2

Abb. 22 Stand, Ballposition und Länge des Rückschwungs auf einen Blick.

1 2 3

Körperdreiecke

Nachdem wir jetzt von einer guten Ansprechposition ausgehen können, ist es geradezu ein Leichtes, in die Rückschwungbewegung intensiver einzusteigen und sie sozusagen zum guten Ende zu bringen.
Was wissen Sie bereits? Sicherlich haben Sie gespürt, dass die Wirbelsäule die Achse ist, um die sich alles dreht. Wir werden darauf gleich noch genauer eingehen. Im oberen Bereich der Wirbelsäule befindet sich ein imaginärer Punkt, um den die Schulterdrehung erfolgt. Diesen Punkt rücken Sie jetzt ganz deutlich in Ihr Bewusstsein. Er ist quasi das Zentrum, um das sich das »Schwungrad« Schultern/Arme/Schläger bewegt. Wo genau haben wir uns dieses Zentrum vorzustellen? Das Schildchen in unserem Hemd- oder Blusenkragen liefert ein sehr gutes Bild. Auf diesen Drehpunkt richten wir nun all unsere Konzentration.

1 2

Abb. 23 So sollte das Ganze aussehen. Aus einem völlig ruhig gehaltenen Körper bewegen sich zu Beginn des Rückschwungs synchron Schultern, Arme und der Schläger – das viel zitierte Körperdreieck also.

1 2 3

4

5

6

Abb. 24 Besser lässt sich das Zusammenwirken von Körperdrehung und Schlägerbewegung kaum demonstrieren und erfühlen, wenn Sie diese Übung nachvollziehen. Stellen Sie an sich selber fest, ob Sie das Körperdreieck intakt halten.

Aus der exakt eingenommenen Ansprechhaltung heraus heben Sie Ihren Schläger ein wenig vom Boden ab und drehen dann die Schultern um Ihr Hemdschildchen zurück und vor, und wieder zurück und wieder vor – 50 cm zurück und vor ist völlig genug. Ganz wichtig: Der Schlägerkopf muß sich **synchron** zu den Schultern bewegen! Es wird sozusagen ein Dreieck gependelt, das aus den Schultern, den Armen und den Händen am Schläger gebildet ist.
Zwingen Sie sich, Ihren restlichen Körper dabei ruhig zu halten.
Machen Sie diese Übung vor dem Spiegel und schauen Sie sich beim Pendeln in die Augen. So stellen Sie sicher, dass Ihr Körper annähernd bewegungslos und das Körperdreieck intakt bleiben. Klemmen Sie sich, wenn Sie es ganz exakt machen wollen, einen Schläger oder einen Regenschirm unter die Arme und vor die Brust. Beim Pendeln kann sich jetzt kein Körperteil mehr selbständig machen. Derart »eingezwängt« bekommen Sie auch ein gutes Körpergefühl dafür, auf welchem Bogen sich der Schlägerkopf bewegt. Obwohl es Schwierigkeiten macht, den Schläger über der Brust zu fixieren, hat er doch den eindeutigen Vorteil etwa dem vielfach empfohlenen und gleichermaßen eingeklemmten Handtuch (auch Schlägerhauben werden benutzt) gegenüber, dass er das Pendelsystem spürbar stabilisiert und auch synchronisiert.
Es handelt sich, wie Sie unschwer feststellen können, um einen Bewegungsablauf aus einem Guss. In diesem frühen Stadium des Rückschwungs darf es unter keinen Umständen zu einer Verdrehung des

Schlägerkopfes durch ein aktives Bewegen der Hände kommen. Belassen Sie den Griff so, wie in der Ansprechposition festgelegt. Wenn sich die Hände jetzt nicht passiv verhalten, wird die korrekte Schwungebene schon verlassen, bevor es überhaupt richtig losgeht. Ein Rollen der Arme und Hände im Uhrzeigersinn ist in diesem Zusammenhang ein geradezu furchtbarer Fehler.
Das intakte Körperdreieck kann im Schwung eines guten Spielers an vielen Stellen identifiziert werden. Es ist ein untrügliches Merkmal für das korrekte Zusammenwirken der einzelnen Körperteile.

Das Zurückschwingen in einem Guss wird in der Fachsprache als *One piece take away* bezeichnet. Seiner korrekten Ausführung kommt in den Augen der Spitzenspieler große Bedeutung zu. Man führe sich in diesem Zusammenhang vor Augen, wie vergleichsweise oft in den Fachzeitschriften auf dieses Thema der »ersten Zentimeter nach hinten« eingegangen wird. *Bill Strausbaugh* – PGA-Teacher of the Year 1992 – behauptet sogar, dass Vorbereitung, Ansprechposition und der richtige *Take away* 98 % Anteil an einem gelungenen Schlag haben. Der südafrikanische Golfprofessional *Tony Johnstone* rät: »Marry the

Abb. 25 Diese Übung zeigt den *One piece take away* als Start für einen kraftvollen Rückschwung. An jeder Stelle der Drehung ist das Schlägerblatt *square* zum Körper ausgerichtet, es folgt unverändert der Körperdrehung. Achten Sie darauf, dass der Abstand zwischen Händen und rechtem Oberschenkel nicht zu groß wird.

1

2

left bicep to your chest« – den linken Bizeps also mit dem Brustkorb zu verschweißen. Das würde der Gefahr entgegenwirken, den Schläger zu schnell hochzuheben, eine Bewegung, die dem gewünschten großen Schwungradius keine Chance gäbe.
Ein Schwunggedanke, der den *One piece take away* fördert, ist, mit Konzentration auf das Drehen des Körperdreiecks zu achten. Schultern und Arme müssen gemeinsam schwingen. Die Übung, bei der der Schläger mit seinem Griff gegen das Brustbein platziert wird (Abb. 24), kommt hier zu sinnvoller Anwendung.
Wie nun bewältigen wir den nächsten entscheidenden Schritt? Wie kommen wir von der Pendelbewegung zum Ende des Rückschwungs? Mit **Anlauf**, werden wir Ihnen da empfehlen. Beim Pendeln wird sozusagen Anlauf genommen, um dann in einem gezielten Versuch die linke Schulter nach rechts unter das Kinn zu drehen – die Schulterdrehung, an der wir schon lange gearbeitet haben, also mit einem fliegenden Start. Die Drehbewegung erfolgt, dies nur zur Erinnerung, um unser Schildchen im Hemd und mit gestrecktem, aber nicht steifem linken Arm.
Zurück zur Abb. 25. Betonung wird neben der Drehung des Körperdreiecks auch darauf gelegt, dass Sie immer das Gefühl haben sollten, mit Ihren Händen nahe am rechten Oberschenkel zu sein. Der Abstand, wenn die Hände am rechten Oberschenkel vorbeidrehen, soll nicht viel größer als eine Handbreit sein. Testen Sie selbst, ob Sie nicht das Gefühl haben, am Ende des Rückschwungs eine bessere, sprich kraftvollere Position zu erreichen, wenn Sie dieser Empfehlung folgen (vgl. Abb. 26).
Üben Sie den Rückschwung vor dem Spiegel und überwachen Sie sich selbst:

- Bleiben die Beine stabil, so dass ein Hin- und Herschwanken des Körpers vermieden wird?
- Bleibt vor allem das rechte Bein in seiner ursprünglichen (Stütz)-Position?
- Ist die Innenseite des rechten Fußes belastet?
- Bleibt der Kopf annähernd in seiner Ausgangslage? Nach oben sollte er sich keinesfalls bewegen.
- Erfolgt die Schulterdrehung um das Schildchen herum?
- Wird das Körperdreieck so lange intakt gehalten, bis die Hände etwa auf Hosentaschenhöhe sind?
- Gehen die Hände nahe am Oberschenkel vorbei?
- Bleibt der linke Arm gestreckt?

Ganz natürlich, das können Sie im Spiegel erkennen, faltet sich der rechte Arm aus dem Schwung heraus. Ganz natürlich auch folgt das linke Knie dem Zug von oben mit einer einwärts gerichteten Bewegung auf das rechte Knie.
Der Rückschwung soll *low and slow* erfolgen. Was hat es damit für eine Bewandtnis? *Low* steht für den angestrebten großen Schwungbogen im Sinn von maximaler Körperspannung.

1 2

Abb. 26 Ansprechpositionen und Rückschwungstarts, wie sie verschiedenartiger nicht ausfallen können: Aus einer sehr aufrechten und einer sehr gebeugten *Posture* heraus, wobei sich die Hände das eine Mal sehr nah am rechten Oberschenkel vorbei bewegen, das andere Mal in sehr großem Abstand davon. Wir raten Ihnen sehr, sich bewusst zu machen, ob es Ihnen mehr entgegenkommt, gebeugter oder aufrechter zu stehen, und in welcher Rückschwungebene Sie sich am kräftigsten aufdrehen können. Experimentieren Sie mit den unterschiedlichen Positionen und schlagen Sie dabei Bälle. Fürs Erste werden Sie über die Längenunterschiede und die ungleichen Flugbahnen erstaunt sein. Haben Sie aber die für Sie optimale Kombination gefunden, resultiert daraus eine deutlich verbesserte Kontinuität Ihrer Schläge.

Der Schlägerkopf wird dabei so lange es nur geht direkt am Boden entlang zurückgeführt. Die Schulterdrehung wird dabei praktisch auf die Spitze getrieben. Sie sollten sich deutlich ins Bewusstsein rufen, dass der jetzt anzustrebende große Schwungbogen sowohl große Muskelarbeit voraussetzt als auch eine erhebliche Willensanstrengung bedeutet, was vor allem von schwächeren Spielern keineswegs so ohne weiteres hingenommen wird. Nur sportliche Spieler können einen optimal großen Schwungbogen erreichen.

Eine Übung, die Ihnen klarmacht, worum es geht:
In etwa 40–50 cm Abstand hinter dem angesprochenen Ball wird auf die Linie des Schwungbogens ein zweiter Ball postiert. Dieser ist mit der

- Der Rückschwung ist in Verbindung mit dem Aufdrehen der Schultern die Quelle der Kraft, wie bereits bekannt.

- Das ganze Aufdrehen aber verfehlt seinen Zweck, wenn der Schläger am Ende des Rückschwungs eine falsche Position einnimmt. Nur eine korrekte Position nämlich schafft die Voraussetzung, dass der Schlägerkopf beim Vorschwung am effizientesten in die Rückseite des Balles hineingeschwungen werden kann.

- Um diese Position zu erreichen, muss der Schläger auf seinem Weg zurück einen bestimmten Weg durchlaufen, oder besser: Er muss in einer vorgezeichneten Ebene schwingen.

- Nicht nur ums Drehen allein geht es, sondern »richtigem« Drehen gilt jetzt unser ganzes Bemühen.

- Wer »richtig« dreht, kann gerade und weit schlagen.

- Wer beim Rückschwung die richtige Schwungebene nicht erreicht, minimiert seine Chancen, sie im Vorschwung zu erreichen. Dann aber verpulvert die Kraft, und auch die gewünschte Richtung wird sich nicht einstellen.

- Ob man seine Schultern richtig aufdreht, wird am großen Schwungbogen oder, wie man auch sagt, an der Länge des Rückschwungs deutlich.

- Wer sich daher um einen großen Schwungbogen bemüht, stellt sicher, dass er sich richtig aufdreht. Wobei die Länge des Rückschwungs, je nach den anatomischen Voraussetzungen der einzelnen Spieler, durchaus variiert.

- Die Konzentration auf die Bewegung des Schlägerkopfes während der ersten Zentimeter des Rückschwungs ist deshalb so wichtig, weil diese erste Bewegung für alle weiteren bestimmend ist. So werden nicht nur Schwungebene und Schwungbogen beim Einsetzen des Rückschwungs vorausbestimmt, sondern es hängen auch der so entscheidende Rhythmus und das Schwungtempo von den ersten Bewegungen ab.

- Jedem einzelnen Schläger, den wir in der Hand halten, ist eine eigene Schwungebene zuzuordnen (klingt komplizierter als es ist, vgl. S. 42 f.).

Alles beginnt mit dem Rückschwung

Rückseite des Schlägerkopfes beim Rückschwung sozusagen aus dem Weg zu räumen. Durch ständige Vergrößerung des Abstandes fühlen Sie sehr gut, was unter einem weiten Schwungbogen zu verstehen ist. Spüren Sie, wie sich die Arme, im Bemühen, den Schlägerkopf unten zu halten, vermeintlich strecken? Deutlich macht sich jetzt ein Ziehen in der Rückenmuskulatur bemerkbar, und das Schulterdrehen nehmen Sie bewusst wahr. Es fühlt sich auch ein wenig so an, als würde sich der Oberkörper nach vorn beugen.
Wenn sich solche Empfindungen jetzt bei Ihnen einstellen, dann liegen Sie absolut richtig. Gut sichtbar wird das Bemühen um einen großen Schwungbogen oder, wie man auch sagt, weiten Schwungradius, an den ersten 30 cm des Rückschwungs. Er verläuft fast gerade vom Ball zurück. Kein schnelles Nach-Innen also, sondern dem Strecken der Arme folgend gerade nach hinten in Richtung auf den rechten Oberschenkel. Das Nachinnen-Drehen stellt sich als natürliche Folge des *One piece take away* von selber ein.
Im Bemühen um einen großen Schwungbogen müssen wir den großen Muskeln des Rückens Zeit lassen, die gewünschte Arbeit zu tun. Sie sind es schließlich, die eine opti-

Abb. 27 Mit Hilfe von zwei Schlägern lässt sich eine gute Vorstellung von der sog. Schwungebene bekommen. Mit ein wenig Phantasie können Sie den Weg des Schlägerkopfes »sehen«. Vergleichen Sie die Bilder 2 und 4: Der Unterschied der steileren Rückschwung- und der flacheren Vorschwungebene ist gut zu erkennen. Weshalb das so sein muss, lesen Sie auf Seite 106 f.

1 2 3

male Schulterdrehung ermöglichen. Der richtige Beginn des Rückschwungs erfolgt daher *slow* – als fließender, rhythmischer Ablauf, der so viel Zeit lässt, dass alle Körperteile in Koordination zueinander treten können. Bei einer hastigen, abgehackten Bewegung wäre dies sicherlich schwierig, wenn nicht unmöglich. Zu langsam aber darf die Startgeschwindigkeit auch nicht sein. Der bereits erwähnte »Anlauf« muss schließlich ausreichen, den Schläger nach hinten-oben zu bringen. Und er soll ja nicht getragen oder gehoben werden, sondern mit Schwung dorthin gelangen. Der Rückschwung muss – so die gängige Empfehlung – langsam genug sein, dass sich in Ihnen die Sicherheit einstellt, alle Körperteile richtig aktivieren zu können. Die Gefahr eines zu langsamen Rückschwungs besteht indes darin, dass Sie die fehlende Startgeschwindigkeit auszugleichen suchen, indem Sie den Schläger in die Rückschwungposition hinein manipulieren. Die fließende Bewegung geht verloren, Rhythmus und Timing sind dahin.

Schwungebene

Nachdem wir einen technisch korrekten Rückschwung durchexerziert haben, müssen wir uns jetzt auf die Frage einstellen, ob die dabei erlangte Schwungebene nicht zu steil oder zu flach ist und was dann überhaupt die Kriterien für die »richtige« Schwungebene sind. Groß gewachsene Spieler sollen eher »steil« aufschwingen, kleinere Spieler eher »flach«, so ist ja vielfach zu hören.

4

5

Alles beginnt mit dem Rückschwung

Wer sich für die Golftechnik im Engeren bisher nicht weiter interessiert hat, neigt vielfach zu der Vorstellung, der gesamte Schwung sei nichts weiter als eine Hoch- und Runterbewegung, nach dem Motto: in gerader Linie zurück und auch wieder vor, und damit fliege der Ball auch gerade aufs Ziel. Wer mit dieser Vorstellung schwingt – abgesehen davon, dass dies aus anatomischer Sicht kaum möglich sein dürfte –, schlägt weder regelmäßig gerade Bälle noch kann er die gewünschten Längen erreichen. Beides gelingt nur, wenn die Schwungebene durch eine Kreisbewegung gekennzeichnet ist und das Zentrum dieser Drehbewegung das bereits erwähnte Schildchen in unserem Hemd ist. Diskussionen über richtige und falsche Schwungebenen füllen ganze Bibliotheken, eben weil ihnen für den Schwungerfolg so große Bedeutung zukommt.
Unübertroffen ist bisher die Vorstellung, welche *Ben Hogan* in den »Fundamentals« in Form seines Scheibenmodells anbietet. Obwohl, wie bereits gesagt, das Thema Schwungebene die Fachgemüter immer wieder erhitzt, können wir Ihnen eine eingehendere Beschäftigung mit ihm ersparen. Denn wenn Sie *Paul Eales* und seiner Anleitung für den Rückschwung folgen (vgl. S. 28), bewegen Sie sich ganz automatisch in der für Sie richtigen Schwungebene. Denken Sie immer daran: Bei der Drehung der linken Schulter bis hin über das rechte Knie haben Sie sich nicht nur optimal aufgedreht, sondern dies auch in der richtigen Schwungebene getan. In der Hitze des Gefechts draußen am Platz brauchen Sie sich also bei der Suche nach irgendwelchen Schwungfehlern nicht mit der Schwungebene zu befassen (zu flach? zu steil?). Immer natürlich unter der Maßgabe, dass Sie sich korrekt aufdrehen.
Die richtige Schwungebene, die allen Spielern gleichermaßen ein Optimum an Länge und Präzision sichert, gibt es nicht. Jeder Spieler hat eine für sich ideale Schwungebene (s. Seite 73 f.), und diese stellt sich ganz von selbst ein, wenn die oben genannten Kriterien zugrunde gelegt werden und die Rückschwungbewegung entsprechend ausgeführt wird. Ein besonders einfaches Rezept für das Erreichen der richtigen Schwungebene liefern die Longhitter *John Daly* und *Fred Couples*. Sie sagen: »Dreh dich so gut du kannst und strecke dann die Arme und Hände gegen den Himmel, so weit es geht.« *Severiano Ballesteros* sagt: »Ich will meine Hände gut hinter mir und deutlich über meinem Kopf spüren.« Vielleicht helfen diese so simplen Empfehlungen auch Ihnen in der einen oder anderen Problemsituation.
Die jeweils richtige Schwungebene wird vom Schläger, den wir in der Hand halten, maßgeblich mitbestimmt. Jeder Schläger nämlich hat einen eingebauten Lagewinkel (*Lie angle*). Dieser Lagewinkel nimmt Einfluss auf die Neigung der Schwungebene. Wieso? Je kürzer der Schläger, desto größer ist der Lagewinkel

und umso näher steht man folgerichtig am Ball. Den Ausgleich für diese wechselhaften Bedingungen schafft die Wirbelsäule, die sich umso mehr aufrichtet, je länger der Schläger ist. Mit dem Driver in der Hand stehen wir am aufrechtesten am Ball, am gebeugtesten mit dem Wedge. Die jeweilige Schwungebene ist also abhängig von der Schlägerwahl, der entsprechenden Ansprechhaltung und der damit verbundenen Stellung der Körperachse.

Muss das denn alles sein?

»... entscheiden Sie selbst.«

Positiv können Sie bis jetzt für sich verbuchen, dass es Ihnen gelungen ist, eines der wesentlichsten Elemente des Golfschwungs in sich fest zu verankern. Die Körper- bzw. Schulterdrehung, so wichtig sie auch ist, stellt aber nur einen ersten Schritt im weit gefächerten System »Rückschwung« dar. Jetzt müssen wir uns an die Arbeit machen, auf Dinge näher einzugehen, welche zu einem guten Rückschwung einfach gehören. So wird das vielfach ausgedrückt, aber die Erklärung wird schuldig geblieben, weshalb das alles so wichtig ist. Keineswegs nur, so die Antwort, weil es ästhetischer aussieht, sondern vor allem, weil im Folgenden das Aufdrehen entschieden effizienter gestaltet, die Feder zu noch mehr Spannung gebracht wird.

Es ist möglich, dass Sie jetzt aussteigen und sagen: »Das wird mir zu viel. So viel Feinarbeit ist übertrieben, das brauch' ich doch nicht.« Lassen Sie uns dazu Folgendes sagen: Jeder von uns, auch der Könner, hat sich während seines Golflebens immer wieder zu entscheiden, ob er sich um einen technisch anspruchsvollen Schwung bemühen will – mit all der daraus erwachsenden Schweißarbeit während des Lernens. Aber natürlich auch mit jenen Vorteilen, die aus dem vielen gezielten Üben erwachsen. Unzähligen Golfspielern, das soll hier nicht verschwiegen werden, genügt es, »hausgemacht« zu schwingen im Wissen, damit ihre Golfkarriere eher bescheiden zu gestalten. Ein solches Klientel wird sich bei der nachfolgenden Körperarbeit nicht selten überfordert fühlen. Sie wollen sich beim Golf nicht plagen, sind eher an Entspannung, Naturerlebnis und bewusst zurückhaltender körperlicher Bewegung interessiert.
Recht haben sie. Dennoch, wenn Sie Gefallen an dem Bisherigen gefunden haben, lesen Sie weiter. Bleiben Sie bei der Lektüre auf dem Sofa oder im Bett liegen, aber staunen Sie wenigstens ein bisschen darüber, was für einen guten Rückschwung noch alles von Bedeutung ist. Nebenbei gesagt arbeiten alle guten Spieler ihr gesamtes Golfleben an allen wichtigen Grundlagen des Spiels.
Andererseits: Dem an der Verbesserung seines Schwungs und Spiels wirklich Interessierten leuchtet sicherlich bei den vielen jetzt folgenden

Einzelkorrekturen der Vergleich mit einem Auto ein. Dessen wohl wichtigste Bestandteile sind Chassis, Motor, Getriebe und Räder. Jedes für sich allein genommen würde das Auto aber nicht zum Fahren bringen, weil eben auch alle anderen wichtigen Teile dazu beitragen müssen. Um das Fahren des Autos bzw. das Funktionieren eines korrekten Rückschwungs deutlich machen zu können, untersuchen wir ihn jetzt in seinen Bestandteilen. Das Verständnis für die Gesamtbewegung erfolgt quasi über das Puzzle Einzelteile. Nachdem nicht nur der Rückschwung, sondern der gesamte Golfschwung in seiner Zentralbewegung nichts weiter als eine Drehung um eine Achse ist, sollten Sie aus rein mechanischer Sicht verstehen, welche Aufgaben den einzelnen Körperteilen in diesem Drehsystem zukommen. Ein solcher Nebenschauplatz in Sachen Physik macht Sinn und hat Tradition. Der legendäre *Homer Kelley* hat mit seinem 1969 erschienenen Buch »The golfing machine« nicht nur tiefgreifende Einsichten der anatomisch-physikalischen Zusammenhänge einer breiten Öffentlichkeit vorgestellt, sein Werk hat auch den Golfunterricht revolutioniert. Golflehrer auf der ganzen Welt verstanden plötzlich sehr viel besser, wovon sie in ihrem Unterricht sprechen, konnten mit theoretischen Überlegungen die praktischen Lehrziele unterfüttern. Mit ein bisschen Physik hatten sie in sich und auch in ihren Schülern den Verständnisvorgang geweckt und vertieft. Und eine Binsenweisheit ist, dass jeder leichter lernt, wenn er von der Richtigkeit seines Bemühens überzeugt ist.

Die Achse im System

Welches also ist die Achse, um die sich alles dreht? Die Wirbelsäule ist die Achse, wenngleich unsichtbar. Fixiert ist sie an einem Ende durch die Füße fest am Boden. Hier ist sie unverrückbar. Der zweite Fixpunkt aber ist der Kopf, und der ist beileibe nicht von vornherein fixiert. Er muss von uns willentlich ruhig gestellt werden, weil sonst, wie sich leicht vorstellen lässt, die Drehbewegung eine Unwucht hat. An dieser Stelle ist die Erklärung des viel zitierten *Pivots* angezeigt. In der englischen Golfsprache wird die einfache Körperdrehung (*Bodyturn*) von *Pivot* (wörtlich: Drehpunkt) unterschieden. Bei einer nicht golfspezifischen Körperdrehung darf sich der Kopf bewegen, wie er will. Unter *Pivot* hingegen versteht man die Körperdrehung um einen festen Drehpunkt bzw. eine stabile Achse. Und das wird erst möglich, wenn der Kopf ruhig gehalten wird und die Füße den Körper gut verankern. Wir gehen hier auf den *Pivot* deshalb ein, weil er auch in der deutschsprachigen Fachliteratur häufig zitiert wird. Eine Vorstellung von einer stabilen Achse bekommen Sie, wenn Sie sich mit der Übung in Abb. 62 befassen. Ohne Schläger können Sie sich einmal ganz bewusst auf Ihre Achse im Gesamtsystem konzentrieren.

Wirbelsäule und Körperschwerpunkt

Nun schwingen wir nicht bei senkrecht stehender Achse, sondern die Wirbelsäule ist dabei nach vorn und leicht nach rechts gebeugt. Und genau hier liegt die Problematik für eine korrekte Drehung. Während es für die meisten Menschen ein Leichtes ist, den Körper in seiner natürlichen, aufrechten Position nach rechts zu drehen, ohne dabei den Kopf zu bewegen, wird das mit vorgebeugter Wirbelsäule fast schon zum Kunststück. Eine natürliche Körperdrehung nach rechts mit nach vorn gebeugter Wirbelsäule ergibt meistens eine Bewegung, bei welcher sich der Kopf mit nach rechts bewegt. Hüften und Gesäß werden gleichzeitig als Gegenbewegung nach links verschoben. Die Ursache hierfür liegt darin begründet, dass der Körper in der Bewegung immer sein Gleichgewicht sucht, damit er nicht umfällt. Diese Bewegung hat allerdings mit einem richtigen Aufdrehen wenig gemein (Abb. 28).

Gerade deshalb müssen wir genauestens darauf achten, was die Hüften machen. Sie sind es nämlich, die dafür sorgen, dass die beim Ansprechen gewählte Vorbeugung der Wirbelsäule (*Spine angle*) während aller Drehbewegung unverändert beibehalten werden kann. Sie werden dabei natürlich von den Beinen unterstützt, die wie Stativfüße wiederum für die Stabilität der Hüften sorgen. Dort im

Abb. 28 Wenn Sie sich im Spiegel betrachten und im Rückschwung eine solche Körperhaltung an sich feststellen müssen, haben Sie einiges falsch gemacht.

Bauchbereich, wo man sich diesen Stützflansch von Beinen und Hüften vorzustellen hat, liegt der sog. Körperschwerpunkt (*Center of gravity*) –

ein imaginärer Punkt, der für ein tiefer reichendes Verständnis der gesamten Drehbewegung große Bedeutung hat (vgl. S. 60 f.). Beim richtigen Aufdrehen des Körpers wird dieser Körperschwerpunkt einige Zentimeter nach rechts verlagert. Nur so kann der Körper richtig aufdrehen, ohne dass sich dabei der Kopf nachhaltig aus seiner Position begeben muss (vgl. Abb. 19). Hüften und Beine sorgen also für das notwendige Gleichgewicht, für die Balance und die Stabilität der Achse. Sie regeln, dass der Kopf beim Drehen ruhig bleibt und der Körperschwerpunkt immer innerhalb unseres einmal eingenommenen Stands bleibt. Ohne unsere Knie wäre das gesamte System unflexibel. Ihre Wirkung sozusagen als Stoßdämpfer fördert die harmonisch fließende Bewegung.

Im oberen Bereich der Achse sind mit Schultern, Armen und Händen jene Körperteile festgemacht, mit deren Hilfe sich auf den Schlägerkopf ein Drehmoment übertragen lässt. Je größer der Abstand des Schlägerkopfes zur Achse in der Treffzone gehalten werden kann, desto größer ist die Energie, die als Folge des Drehmoments auf den Ball wirkt.

Und was sorgt in erster Linie für den gewünschten Abstand? Der gestreckte linke Arm.

Alle Spieler, die von sich behaupten können, einen langen und geraden Ball zu schlagen, betonen, wie wichtig es ist, dass der linke Arm vom Beginn des Rückschwungs bis noch lange nach dem Treffen des Balls gestreckt bleibt. Also müssen Sie alles daransetzen, den gebeugten, manchmal sogar überdeutlich eingeknickten Arm zur Streckung zu bringen. Der Abstand des Schlägerkopfes zur Körperachse soll des Dreh-

Abb. 29 Die rechte Hand umgreift das linke Handgelenk und zieht den linken Arm beim Aufdrehen in die Länge; auch als regelmäßige Gymnastikübung etwa während des golfarmen Winters bestens geeignet, die Schulterdrehung zu trainieren. Achten Sie streng darauf, dass sich Arme und Schultern immer synchron bewegen. Das sog. Körperdreieck muss erhalten bleiben.

moments wegen, wie wir schon wissen, möglichst groß sein. Da ist ein gestreckter, kein steifer linker Arm unabdingbar. Einleuchtend dürfte außerdem sein, dass ein gestreckter linker Arm einen konstanten Schwungradius zur Folge hat, was das genaue Treffen des Balls begünstigt. Die in Abb. 29 empfohlene Übung soll Ihnen dabei helfen, das Gefühl für einen gestreckten linken Arm in sich zu vertiefen. Der rechte Arm und die rechte Hand übernehmen dabei eine tragende Rolle.

Der Kopf

Offensichtlich zählen Sie zu jenen Lesern, die bis hierher noch nicht abgeschaltet haben. Und so stehen Sie vor dem Spiegel auf Ihrer Driving Range und studieren Ihre Fortschritte während des Rückschwungs. Der Spiegel ist insofern extrem hilfreich, weil Sie mit eigenen Augen erkennen können, was sein soll und nicht sein darf. Viele Spieler haben so lange kein Gespür für ihren Körper, wie sie nicht sehen, was sie tatsächlich zuwege bringen. Der Unterschied zwischen dem, was man glaubt zu tun, und dem, was man tatsächlich tut, hat sich in der weit über hundertjährigen Geschichte des Golfunterrichts zweifelsfrei als das hemmendste Element erwiesen. Deshalb so oft es geht: optisches Eigenstudium mit Hilfe von Spiegel und Kamera.
Bewegt sich der Kopf, verliert die Körperdrehung ihren oberen Fixpunkt und damit das Drehsystem an Effizienz. Außerdem verändert sich der Augen/Ball-Abstand, wodurch das Treffen des Balls schwieriger wird. Von der Negativwirkung her gesehen ist eine Bewegung zur Seite weniger kritisch als ein Hoch/Tief. Lassen Sie sich von einem Freund beim Rückschwung den Kopf festhalten! Kein anderer als *Jack Nicklaus* wurde von seinem Lehrer *Jack Grout* eben mit dieser Art des Fixierens zu seinem ruhigen Kopf gebracht. Vorsicht, Verletzungsgefahr!
Hilft alles Festhalten auf Dauer nichts und bewegt sich der Kopf nach wie vor beim Rückschwung über Gebühr nach rechts, so kann der Kopf schon in der Ansprechhaltung nach rechts gedreht werden (nicht kippen) bis zu dem Punkt, wo er sich am Ende des Rückschwungs gewöhnlich befindet. *Jack Nicklaus* macht es so!
Wird der Kopf immer wieder deutlich nach oben bewegt, so stehen Sie wahrscheinlich auf, d.h. Sie strecken die Knie durch oder aber Sie richten die Wirbelsäule auf. Sie weichen damit zumeist der als unangenehm empfundenen Körperspannung aus. Das ist eine Bewegung, von der Sie wissen müssen, dass sie Ihr Spiel nachhaltig negativ beeinflusst. Bälle sauber zu treffen wird fast unmöglich. Zum Glück ist es relativ einfach, dagegenzusteuern. Die Übung zum Abgewöhnen sieht so aus, dass Sie jemanden bitten, Ihnen beim Rückschwung das Griffende eines Golfschlägers direkt über den Kopf zu halten. Beim Bemühen, den Schläger

nicht zu berühren, lassen Sie den Kopf dann dort, wo er sein soll. Durch Videoaufnahmen oder das Urteil Außenstehender sollten Sie sich bestätigen lassen, dass das Lernziel »Kopf ruhig« tatsächlich erreicht ist.

Mit dem Problem des »Aufstehens« während des Rückschwungs kämpfen auch viele gute, ja sogar sehr gute Spieler. Folgende Empfehlung kann Ihnen helfen: Der Rückschwung wird von einem *Sit* diktiert. Das heißt, ganz bewusst setzen Sie sich während des Rückschwungs quasi hin, mit Betonung der rechten Seite als Folge der Drehung. Man hat anfänglich dabei das Gefühl, übertrieben in die Knie zu gehen. Ein Blick in den Spiegel aber zeigt, dass diese Ausgleichsbewegung bewirkt, dass jetzt der Kopf endlich da bleibt, wo er hingehört.

Die Erfahrung lehrt zudem, dass man sich erziehen kann, den Kopf ruhig zu halten, wenn man sich etwa dazu

Abb. 30 Obwohl in der korrekten Ansprechhaltung eindeutig festgelegt, bleibt das Kinn bei vielen Spielern nicht dort, wo es sein sollte. Der Kopf fällt quasi auf die Brust. Wenn er auch bei Ihnen zu weit nach vorn nickt, ist die Folge, dass die linke Schulter beim Rückschwung »aneckt«. Die Drehbewegung wird behindert. Wir achten also darauf, dass der Kopf immer ausreichend hoch gehalten wird und damit eine freie Drehung der Schultern gewährleistet ist.

1 2

Der Kopf im Schwung

Arbeiten Sie ganz gezielt an Ihrer Kopfhaltung. Während einer Übungseinheit auf der Driving Range müssen Sie sich immer wieder einmal ganz ausschließlich damit befassen, herauszufinden, was Ihr Kopf den gesamten Schwung über macht.
Bei ernsthaftem Studium werden Sie feststellen, dass es quasi zwei Eckpunkte für das Kopfstillhalten gibt. Beide unterscheiden sich im Schwierigkeitsgrad ganz erheblich.

Während des Rückschwungs ist es vergleichsweise einfach, den Ball zu fixieren und damit den Kopf ruhig zu halten. Man sagt sich: »Schau den Ball an«, und dann klappt das in der Regel auch. Auffälligerweise allerdings nur so lange, bis der Vorschwung beginnt. Da wird es dann meist sehr schwierig. Der Augen/Ball-Kontakt bricht jäh ab. Entweder weil man sich mit dem gesamten Körper so richtig ins Zeug legt und dabei die Körperachse dramatisch verschiebt, oder weil sich die Konzentration jetzt auf andere Dinge richtet.

Überprüfen Sie, inwieweit diese allgemeine Erkenntnis auch auf Sie zutrifft. Konzentrieren Sie sich beim Üben eine Zeitlang ausschließlich auf das Ruhighalten des Kopfes im Umkehrbereich Rückschwung/Vorschwung.

Ob Sie alles richtig machen, können Sie ganz einfach überprüfen. Das Bild vom Ball darf sich vom Ansprechen bis zum Treffen nicht verändern. Gelingt Ihnen dies (fast möchte man sagen: dieses Kunststück), treffen Sie den Ball plötzlich in einer bisher wahrscheinlich nicht gekannten Präzision. Das viel zitierte »eiserne Stillhalten« bezieht sich vor allem auf den Umkehrbereich des Schwungs.

zwingt, den Ball während des gesamten Rückschwungs mit seinem Blick genauestens zu fixieren. Jegliche Kopfbewegung in dieser Phase würde dann das ursprüngliche Bild vom Golfball verändern. Dabei, sagen uns die Spitzenspieler, ist nicht nur der Ball als Ganzer anzuschauen, sondern ein bestimmter Punkt auf ihm. Liegt der Ball als gedachtes Zifferblatt einer Uhr vor Ihnen, schauen Sie auf die Vier. Das hält nicht nur den Kopf still, sondern es fördert auch, den Ball mit dem Schlägerblatt an dieser Stelle zu treffen, was dem begehrten Schwung von »innen« gleichkommt.

Körperwinkel

Was das häufig zu beobachtende Aufrichten des Oberkörpers im Rückschwung anlangt oder auch das seltenere Phänomen des Abtauchens, so hängt dies, wie Sie sicherlich herausgefunden haben, mit einem Auf und Nieder der Wirbelsäule, der Knie oder sogar beider Körperteile zusammen. **Die *Posture* wird nicht gehalten.** Über das Ruhigstellen des Kopfes konnten Sie hier ja bereits deutliche Besserung erreichen. Aber auch auf Folgendes sollten Sie während der Arbeit an Ihrem Rückschwung unbedingt achten: auf den ausgeprägten Winkel des Oberkörpers zum Unterkörper bzw. zu den Oberschenkeln, und auch auf die Beugung des rechten Knies, die während des gesamten Rückschwungs gehalten werden müssen.
Weichen Sie jetzt nicht aus – im wahrsten Sinne des Wortes! Vielleicht begründen Sie ja Ihr persönliches Aufrichten während des Rückschwungs damit, dass sich dann ein bequemes Körpergefühl einstellen würde, so dass Sie sich leichter und unbehinderter aufdrehen könnten.
Damit sind wir wieder beim alten Thema des korrekten Aufdrehens. Es geht dabei aber nicht nur um das Aufdrehen im Sinne von maximaler

1

2

Körperspannung. Etwas anderes – statisches – ist von Bedeutung. Die Rumpfbeugung nach vorn und ihre strikte Beibehaltung während des gesamten Schwungs sorgt dafür, dass die Wirbelsäule zur kreisförmigen Bewegung des Schlägers einen rechten Winkel bildet. Ohne genauer darauf einzugehen, sei hier betont: Dieses rechtwinklige System ist optimal für das Erreichen hoher Schlägerkopfgeschwindigkeiten. »Clubhead force and motion is at right angles to the longitudinal center of gravity« (aus »The golfing machine«). Aus Abb. 32 ist zu ersehen, in welcher Phase des Ansprechens die Körperwinkel festgelegt werden.

Ausdrücklich betonen wir, dass die *Posture* in der hier deutlich gemachten Winkelstellung bis lange nach dem Treffen des Balls eingehalten werden muss. Viele Schläge gehen daneben, weil sich die Spieler schon vor dem Treffen des Balls aufrichten.

Abb. 31 Diese Winkel, die mit der Ansprechhaltung festgelegt werden, gilt es nicht nur während des Rückschwungs, sondern darüber hinaus bis nach dem Treffen des Balles unverändert beizubehalten. Nicht umsonst wird in der Fachliteratur dem konstanten *Spine angle* und auch den gebeugten Knien so große Bedeutung beigemessen und in den Schwungstudien berühmter Spieler auf diesen Sachverhalt der Finger gelegt.

4 5

1 2 3

Abb. 32 Achten Sie bei der nächsten Fernsehübertragung einmal darauf, welch hohe Aufmerksamkeit die Spitzenspieler dieser Phase beim Ansprechen des Balls zuwenden. Zu einer Art Vorbereitungsritual wird der optische und mentale Bezug (vgl. S. 118) zum Ziel hergestellt (1). Körper und Schläger werden in Position gebracht. Der jeweilige Schläger bestimmt die Körperwinkel (Driver = aufrechter; Wedge = gebeugter) (2). Erst nachdem der Körper seine Position gefunden hat, wird der Stand eingenommen (3).

Möglicherweise haben sie zu früh das Finish vor Augen und »entspannen« sich vorzeitig nach vorn. Trösten kann man sich eigentlich nur damit, dass an den Schwüngen fast aller Durchschnittsspieler eine Veränderung der Körperwinkel zu beobachten ist. Sie aber wissen nun um diese Problematik und können beim Training gezielt an konstant gehaltenen Körperwinkeln arbeiten. Lassen Sie Mitspieler kontrollieren, ob es Ihnen gelingt, die *Posture* während Ihres Schwungs konsequent beizubehalten.

Abb. 33 Das Kippen der Wirbelsäule bzw. das Schwanken des gesamten Körpers: ein häufig festzustellender Fehler. Das bewusste Verlagern des Körpergewichts nach rechts ist mit Vorsicht zu genießen (vgl. S. 60 f.)

Sway: das Kippen der Wirbelsäule

Die Themen *Posture*, Wirbelsäule, Körperachse dürfen erst dann als abgehandelt angesehen werden, wenn auch das Kippen der Wirbelsäule zur Seite ausgemerzt ist. Ein solcher *Sway* dürfte noch häufiger zu beobachten sein als das Aufrichten der Wirbelsäule. Oftmals kommt es auch zur Kombination beider Bewegungen. Auf Abb. 33 ist deutlich zu erkennen, wie sich die Wirbelsäule geradezu dramatisch im Schwung zur Seite bewegt hat. Wir greifen hier theoretisch vor und zeigen auch schon den Vorschwung, weil sich der *Sway* des Rückschwungs erfahrungsgemäß im Vorschwung spiegelt. Unter solchen Voraussetzungen an konstantes Golf nur denken zu wollen ist illusorisch. Der *Sway*, das »Schwanken« des Oberkörpers, ja sogar des gesamten Körpers, wie wir bei näherer Betrachtung der Knie noch sehen werden, zählt zum Schlimmsten im Golf überhaupt. Der *Sway* ist es, der auch den Kopf über Gebühr in Bewegung setzt.

Der Grund für dieses Schwanken liegt meist im Versuch einer Ausholbewegung, wie sie zum Beispiel beim Handball gefordert wird. Beim

1

2

1 2 3

Abb. 34 Wenn es gelingt, die Übung auszuführen wie hier demonstriert, werden Sie erfreut feststellen, wie gut Sie plötzlich die Bälle treffen und auch um wie viel länger Sie werden. Wenn Sie sich an die Empfehlungen in der Fachliteratur erinnern – »drehen Sie sich mit einem Pfahl durch den Körper oder schwingen Sie in einem Butterfass« –, dann ging es dabei vor allem darum, eine ruhig gehaltene Körperachse plausibel zu machen.

Golf aber geht es um eine Drehbewegung und nicht um eine seitliche Verschiebung. Machen Sie sich an dieser Stelle einmal mehr bewusst, dass Sie mit dem Aufdrehen ungleich mehr Energie erzeugen können als mit jeder anderen Bewegung.
Bälle schlagen mit geschlossenen Beinen ist eine Übung, die wirklich bestens geeignet ist, dem *Sway* entgegenzuwirken. Mit einem 7er Eisen wird der Ball wie gewohnt angesprochen. Der Stand wird so verengt, dass die Schuhe einander fast berühren. Beide Knie bleiben gebeugt. Achten Sie besonders darauf, dass die Bälle nicht geprügelt werden, sondern dass das Ganze bei harmonischem Rhythmus mühelos vonstatten geht. Machen Sie $^3/_4$-Schläge, so wie in der Abbildung zu sehen. Unter solchen Voraussetzungen können Sie am besten spüren, was Ihr Körper macht. Vor allem, dass er nicht mehr schwankt, denn sonst könnte er nicht in der Balance bleiben. Dieser Drill ist quasi eine Universalübung, die wir Ihnen gar nicht genug empfehlen können und der sich jeder von uns immer wieder bedienen sollte. Von *Hale Irwin*, dem dreimaligen US-Open-Gewinner, weiß man, dass er zwei Wochen lang ohne Unterlass ausschließlich mit dieser Übung trainiert

hat. Auch *Jack Nicklaus*, der erfolgreichste Golfer aller Zeiten, hat viele tausend Bälle auf diese Weise geschlagen.
Die Vorteile liegen auf der Hand und werden von Ihnen auch sofort wahrgenommen. Fast automatisch stellt sich eine verbesserte Körperdrehung ein, der *Sway* wird bei korrekter Ausführung deutlich gemildert, wenn nicht gar gänzlich abgestellt. Außerdem profitieren, quasi im Nebengeschäft, der Armschwung und die Handaktion. Eben weil Sie nicht draufhauen können, ohne umzufallen, und auch pure Kraft nicht zum Erfolg führt, ist die Übung so effektiv. Sie verbessert alle Körperaktivitäten und bringt diese in Einklang mit dem Schwingen des Schlägerkopfes. Wenn Sie darunter leiden, dass Sie die Balance nicht halten können und die Bälle schlecht treffen, so liegt das fast immer daran, dass Sie zu aggressiv zuschlagen. Auf das »Zuviel-Wollen« müssen Sie kritisches Augenmerk legen und immer dämpfend auf sich einwirken.

Der Stützpfosten rechtes Bein

Gestärkt durch den Erfolg der gerade absolvierten Übung fühlen Sie sich sicherlich motiviert genug, die vertiefte Betrachtung bestimmter Körperteile während des Rückschwungs fortzusetzen. Jetzt geht es um einen wesentlichen Stabilisierungseffekt. Mehrfach schon haben wir auf den Stützpfosten rechtes Bein verwiesen. Der Sinn dieses Stützpfostens besteht vorrangig darin, während der Drehbewegung zurück nicht zu »swayen« bzw. die Körperachse nicht aus ihrem oberen Fixpunkt zu lösen. Wenn Sie sich einige Male nacheinander aufdrehen und wieder nachlassen und sich dabei auf ein unnachgiebiges rechtes Bein konzentrieren, so schulen Sie in sich das Gefühl, sich um etwas fest Verankertes zu drehen.
Mit dieser eigentlich wenig spektakulären Übung gelingt es Ihnen, eine im Schwung sehr wichtige Körperfunktion, nämlich das Aufdrehen gegen eine feste rechte Seite, für sich anschaulich zu machen. Wir verweisen darauf, dass der Stützpfosten besonders stabil ist, wenn das rechte Knie beim Ansprechen bewusst etwas nach innen gebeugt wird, und wenn sich beim Aufdrehen Spannung in der Innenseite des rechten Beins aufbaut. Diese Spannung soll von der Innenkante des rechten Fußes bis hinauf zum Oberschenkel zu spüren sein. Schon bei der Ansprechhaltung hatten wir Wert auf ein leicht einwärts gerichtetes rechtes Knie gelegt – Sie erinnern sich. Jetzt findet dieses Detail, das viele Golfspieler erst einmal als gar nicht für wert erachten, ihm größere Aufmerksamkeit zu schenken, seine sinnvolle Anwendung. Das beweist, welche Bedeutung vermeintlich nicht so wichtige Aspekte haben, weil sie im Gesamtsystem verzahnt sind. Eine gute Gelegenheit übrigens, sich einmal mehr vor Augen zu führen, dass wir bei

der Betrachtung der Ansprechposition nicht Prinzipienreiterei betrieben haben, wenn auf dieses oder jenes Detail nachdrückliches Augenmerk gelegt wurde. Mehr oder weniger wird dabei nur vorausgedacht und im Hinblick auf mögliche Fehler schon im Frühstadium gegengesteuert.

Die Knie

Auf dem Weg durch unseren Körper kommen wir mit den Knien zu den Stoßdämpfern im Gesamtsystem. Mit ihrer Flexibilität fördern sie die harmonisch fließende Bewegung. Damit sie in der ihr zukommenden Funktion wirken können, bleiben sie während des gesamten Rückschwungs gebeugt und geben diese Stellung frühestens nach dem Treffen des Balls auf. Immer wieder sähe man Spitzenspieler, werden Sie vielleicht einwenden, die am Ende des Rückschwungs das rechte Knie fast völlig durchgestreckt haben. Als Beispiel dienen *Ian Woosnam* und *Scott Hoch*. Das sind individuelle Seiten ihres Schwungs im Sinne von Ausnahmen, welche die Regel bestätigen. Im Übrigen darf das rechte Knie schon ein wenig gerader werden, nur in einer völlig durchgestreckten Position am Ende des Rückschwungs »einrasten« sollte es nicht. Der moderne athletische Schwung ist zweifelsfrei durch dieses vorher beschriebene *Sit* beider Knie charakterisiert (vgl. S. 48).

Abb. 35 Während des gesamten Rückschwungs bleibt das rechte Bein – bei gebeugtem Knie – auf seine Fußspitze gestellt. Zu achten haben Sie darauf, dass das Körpergewicht jetzt nicht auf die linke Seite verlagert wird. Wird diese Übung beim Bälle-Schlagen richtig ausgeführt, sollten Sie eine deutliche Beruhigung der Kopfbewegung feststellen und spüren, wie vor allem die rechte Körperseite auf Spannung programmiert ist.

Abb. 36 Der Golfball unter der Außenkante des rechten Fußes drückt das Knie während des Rückschwungs nach innen und blockiert damit das Ausbrechen nach rechts. Zu spüren ist für Sie durch diesen Keil der bereits erwähnte Widerstand auf der Innenseite des gesamten rechten Beins. Ein Gefühl, das mit dieser Übung so vertieft werden kann, dass es später auch ohne Golfball für die gewünschte feste rechte Seite sorgt.

In vielen Fällen geht mit dem Strecken des **rechten Knies** während des Rückschwungs ein »Abtauchen« der linken Schulter einher. Sehr häufig ist mit der Streckbewegung des Knies aber auch ein »Aufstehen« des Körpers festzustellen. Wenn Sie erkennen müssen, dass im rechten Knie damit der Ausgangspunkt für eine Unwucht in Ihrem gesamten Drehsystem angesiedelt ist, schafft der in Abb. 35 dargestellte Drill am ehesten Abhilfe. Ein zweiter Punkt, an dem sich das rechte Knie nicht so benimmt, wie es soll: Es bricht im Rückschwung nach rechts weg. Der Stützpfosten rechte Seite hält dem Druck des Aufdrehens nicht stand und gibt an seiner schwächsten Stelle nach. Sie haben mit dem Drill der geschlossenen Beine schon vieles korrigieren können, dennoch tun Sie gut daran, das Gefühl, wie das Knie in der gewünschten Position zu halten ist, durch die mit Abb. 36 dargestellte Übung zu fördern.
Was das **linke Knie** anlangt, so hat es sich am Ende des Rückschwungs so weit nach rechts bewegt, dass es auf eine Stelle etwas rechts vom Ball zeigt. Das ist keine aktive Bewegung, sondern die Folgeerscheinung der Schulter- und Hüftrotation.

Die Füße

Im Rückschwung die linke Ferse am Boden zu belassen oder nicht ist eine über Jahrzehnte in der Golfliteratur kontrovers diskutierte Frage. Kein Geringerer als *Jack Nicklaus* plädiert dafür beziehungsweise sieht es als Folge seiner natürlichen Bewegung an, die linke Ferse im Rückschwung vom Boden abzuheben. Dagegen bleibt bei den athletischen Spielern unserer Tage wie *Ernie Els* und *Nick Price* der Fuß wie am Boden festgeklebt. Wer Gelegenheit hat, *Nick Faldo* beim Training zuzuschauen, sieht immer wieder, wie Caddy *Fanny Sunneson* hinter ihm kniend während des gesamten Schwungs beide Fersen am Boden fixiert. Genau das Gleiche können Sie mit Hilfe eines Freundes anstellen. Der untere Fixpunkt der Körperachse ist damit absolut ruhig gestellt. Sie müssen jetzt unbedingt fühlen, dass Sie sich beim Aufdrehen deutlich schwerer tun, weil sich die Körperspannung über die fixierten Füße gewaltig erhöht. Sicher ist Folgendes: Wer seine Füße verankert lässt, kann weniger verkehrt machen. Wenn schon abgehoben wird, dann darf das auf keinen Fall aktiv geschehen, sozusagen im Bemühen, mit Hilfe des Fußes die Körperdrehung zu unterstützen. Das Abheben darf immer nur Folge des Aufdrehens sein. Warum dann kann *Nicklaus* das Abheben geradezu propagieren? Er und zum Beispiel auch *John Daly* drehen ihre Schultern weiter auf als die meisten anderen Spitzenspieler. Der Zug nach hinten ist dabei so gewaltig, dass die Ferse gar nicht mehr am Boden bleiben kann. *Nicklaus* betont aber in diesem Zusammenhang, dass seine erste Bewegung im Vorschwung das Wiederverankern der linken Ferse ist. Er weiß sicher besser als jeder andere, welche Bedeutung die Füße haben. Übrigens: Auch im Vorschwung (und bis ins Finish hinein) kann das bewusste Festkleben der **rechten Ferse** am Boden Vorteile bringen, beispielhaft vorgeführt vom australischen Tourspieler *Peter Fowler*. Er stabilisiere dadurch seine Körperachse, sagt er, und bringe Ruhe in seinen Schwung.

Oily

Der legendäre *Sam Snead* hat auf die Frage nach dem Geheimnis seines Golfschwungs nur ein Wort gesagt: *Oily*. Trotz aller Anstrengung beim Aufdrehen gegen den Widerstand der Muskeln und Sehnen, und trotz aller Unbequemlichkeit, in der sich der gesamte Körper dabei befindet, muss alles noch in einer bestimmten Gelöstheit ablaufen können, soll alles einer fließenden Bewegung gehorchen. Gerade aber dieses harmonische Miteinander der einzelnen Körperteile haben wir mit unseren physikalisch motivierten Anleitungen zur Statik – zu mehr oder weniger fixierten Körperteilen – nicht in den Vordergrund gestellt. Haben wir also alles falsch gemacht mit dem, was wir Ihnen geraten haben? Keineswegs. Wir sind nur überzeugt davon, dass Sie zuerst das Prinzip erkennen und begreifen müssen, was hinter einer Körperbewegung steckt, die Sie sich auf unser Anraten hin zu eigen machen sollen. Und nachdem physikalisch fassbare Größen wie etwa das Schwingen des Schlägers um eine feste Achse über das Wohl und Wehe eines Golfschwungs entscheiden, sollte unserer Ansicht nach Ihr Körperbewusstsein zuerst einmal unter dem Diktat dieser physikalischen Parameter stehen.
Jetzt, nachdem unsere Anleitungen lange genug strenger Körpermechanik unterstellt wurden, ist die Zeit gekommen, Ihrem Gefühl Raum zu geben, alle Bewegungen *oily* auszuführen und Ihren Körper so zu bewegen, dass Sie sich nicht zur mechanisch gesteuerten Puppe degradiert fühlen müssen. Mit einem Satz: Der Spaß an der Golfbewegung muss erhalten bleiben. Dieses Eingehen und Zulassen individueller Bewegungen verlangt aber von Anfang an ein sehr

kritisches Auge Ihrerseits. Wie viel Kopfbewegung ist noch zulässig, ohne dass das Körperschwanken zum *Sway* ausartet? Lasse ich das Abheben des linken Fußes zu, ja muss ich dieses geradezu anregen, damit meine Körperdrehung besser in Gang kommt? Was kann ich mir selbst zumuten, muss ich mich ständig fragen, damit ich weiterhin Freude am Golf habe, was soll ich mir abverlangen, damit ich spürbare Besserung meiner Probleme wahrnehme und sich damit die so wichtigen Erfolgserlebnisse einstellen?
Wir kommen auf den Kopf zurück, den unsichtbaren Fixpunkt der Körperdrehung. Natürlich darf dieser sich nicht in ausufernden Bewegungen während des Schwungs ergehen, denn das würde die physikalischen Gesetze, unter denen ein guter Golfschwung abläuft, außer Kraft setzen. Genauso wenig führt es zum Erfolg, wenn Sie sich zur Bewegungslosigkeit zwingen und dies mit dem Preis körperlicher Erstarrung und damit Funktionsuntüchtigkeit bezahlen müssen. Den Kopf lediglich ruhig zu halten ist daher die von allen Golfexperten anerkannte Maxime, wobei 4 bis 5 Zentimeter Bewegung nach rechts zur Seite (nicht nach oben) ohne weiteres zu tolerieren sind. Der amerikanische Golflehrer *Jim McLean* postuliert, dass die totale Schulterdrehung ohnehin nur möglich wird, wenn auch der Kopf oder Ihr Gesicht, wenn Ihnen das mehr sagt, ein wenig nach rechts **gedreht** (nicht gekippt) wird.
Der Kopf soll der natürlichen Oberkörperbewegung im Rückschwung sogar folgen, weil ansonsten die Drehbewegung deutlich eingeschränkt wird. *Oily* und trotzdem die individuellen körperlichen Möglichkeiten soweit wie irgendmöglich den geschilderten physikalischen Notwendigkeiten unterzuordnen, ist die ideale Kombination.

Gewichtsverlagerung

Gewichtsverlagerung ist eine Bewegung, bei der von den Spielern meist des Guten zu viel oder zu wenig getan wird. Das jedenfalls lehrt die Erfahrung. Selten wird ausgewogen agiert. Die Gewichtsverlagerung unterbleibt völlig oder wird so übertrieben, dass von einem stabilen Körpersystem während des Rückschwungs nichts mehr übrig bleibt. Auch unter Spitzenspielern wird sie kontrovers gehandhabt. Man muss eigentlich davon ausgehen, dass in Sachen Gewichtsverlagerung die Ansichten sowohl berühmter Golflehrer als auch der Spitzenspieler in zwei Lager gespalten sind. Die eine Seite sagt, man muss sich kräftig nach hinten wegbewegen, um mit dem gesamten Körpergewicht hinter den Ball zu kommen. Natürlicherweise kommt es dabei zu einem Kippen der Körperachse nach rechts und auch zu einer deutlichen, ja übertriebenen Kopfbewegung in die gleiche Richtung. Die andere hält entgegen, man dürfe sich lediglich um die »fixierte«

Körperachse drehen, weil ansonsten das gesamte Hebelsystem aus den Fugen gerät.
Ben Hogan, *Fred Couples* und *Davis Love III* beispielsweise halten *Spine angle* (golfspezifische Beugung der Wirbelsäule) und Kopf total ruhig und zeigen so wenig *Weight shift* (Gewichtsverlagerung), dass dieser fürs Laienauge nicht erkennbar ist. Sie alle sind der Überzeugung, dass ein wirklich guter Rückschwung ganz knapp an einem *Reverse pivot* (vgl. S. 62) vorbeigeht. Die Gewichtsverlagerung stufen sie mit 60 : 40 ein. Also 60 % des Gewichts am Ende des Rückschwungs auf der rechten Seite, beziehungsweise Sie drehen sich so auf, dass diese 60 % auf die rechte Ferse gebracht werden.
Curtis Strange, zweimalige US-Open-Gewinner, und sein Lehrer *Jimmy*

Abb. 37 Rückschwünge, die durch sehr unterschiedliche Gewichtsverlagerungen gekennzeichnet sind. Die Punkte auf unserer Demo-Wand helfen Ihnen, dies zu erkennen. Während auf dem linken Bild quasi »in der Tonne«, also um eine völlig ruhig gehaltene Körperachse gedreht wird, wurde rechts mit sehr viel mehr Gewichtsverlagerung gearbeitet. Der Körper hat sich in auffallender Weise vom Ball weg bewegt.

1 2

Ballard hingegen raten, 70–80% nach hinten zu transferieren und dabei ruhig auch die Wirbelsäule und den Kopf zu bewegen, weil dadurch sichergestellt würde, dass der gesamte Schwung flüssiger ablaufen kann. Der bereits erwähnte amerikanische Golf-Guru *Jim McLean* hingegen betont, dass, wer seinen Kopf (Wirbelsäule) im Rückschwung einfriere, unweigerlich zum *Reverse pivot* komme. »A frozen head«, so sagt er, »kills speed and kills natural human movements.« Für *Jack Nicklaus* ist wichtig, dass sich seine Gewichtsverlagerung niemals über seine Füße hinaus erstreckt, er damit also immer innerhalb seines Stands bleibt. In »The golfing machine« schließlich wird an einen Hula-Hoop-Tänzer erinnert. Der Körperschwerpunkt bleibt immer innerhalb des Stands und der Kopf absolut ruhig. Man sieht also, dass die Gewichtsverlagerung im Golfschwung eine große Rolle spielen muss, sonst hätten sich nicht alle bekannten Autoren so intensiv damit beschäftigt.
Wir können Ihnen an dieser Stelle nur raten, in Sachen Gewichtsverlagerung nicht zu viel des Guten zu tun. Bei allzu betonter Bewegung »weg nach hinten« schwingt immer die Gefahr mit, dass die Aktivitäten des Unterkörpers auch im Vorschwung zu heftig ausfallen. Ihr Schwung kann bei »zu viel Beinen« leicht aus den Fugen geraten. Beine und Hüften im Vorschwung quasi nur das Allernötigste tun zu lassen ist eine immer wieder zu hörende Empfehlung vieler Spitzenspieler.

Schon während des Pendelns in der Schwungebene haben Sie gespürt, wie durch die Bewegung der Arme (physikalisch: das Schwingen einer Masse) sich eine Gewichtsverlagerung **automatisch** eingestellt hat. Sie ist eine ganz natürliche Bewegung, eine natürliche Reaktion auf das Aufdrehen.
Aus anatomisch-physikalischer Sicht raten wir Ihnen, die Gewichtsverlagerung nicht überaktiv und betont zu vollziehen. **Wir verlagern unser Gewicht nicht, sondern lassen zu, dass es sich verlagert.** Nach dem Motto: Das Gewicht folgt der Bewegung. Folgendes nämlich passiert: Während das Gewicht in der Ansprechposition gleichmäßig verteilt ist, bewegt es sich im Rückschwung nach rechts und damit weg vom Ziel. Dazu bedarf es keiner bewussten Anstrengung, sondern das Gewicht der Arme und des Schlägers sorgt automatisch dafür. Sie können und sollten dies am sich verstärkenden Druck auf der rechten Ferse spüren. Es sei an dieser Stelle wiederholt: Die Betonung auf die ruhig gehaltene Körperachse und damit den Kopf erfolgt nicht, weil es sich nach den Gesetzen der Mechanik empfiehlt (das natürlich auch); vielmehr pochen wir deshalb darauf, weil im Golfleben fast aller Spieler gerade die *Posture* (der Körper in seiner golfspezifischen Winkelstellung) eigentlich nie macht, was sie sollte – nämlich den gesamten Schwung über annähernd so zu bleiben, wie sie in der Ansprechhaltung eingenommen worden war. Unter

Druck kann das jeder am eigenen Leib spüren. Und um da nur einigermaßen gegenzusteuern, muss von Anfang an jedes Schwanken des Körpers gegeißelt werden. Die Notwendigkeit einer ruhig gehaltenen Körperachse (nicht eingefrorenen!) muss in Ihnen so fest verankert werden, dass Sie die Vorstellung davon auch in der größten Hitze des Gefechts nicht verlässt.
Dieser Rat, die Gewichtsverlagerung nicht betont und aktiv ausfallen, sondern das Gewicht der Bewegung folgen zu lassen, wollen wir als grundsätzlich verstanden wissen – unabhängig also von unterschiedlichen körperlichen Voraussetzungen wie Beweglichkeit oder natürlichen Fähigkeiten zur Bewegungskoordination.
Die häufigsten Fehler, die jetzt auftreten, sind erstens der *Reverse pivot*, auch als *Reverse weight shift* bezeichnet, und zweitens eine zu ausgeprägte Oberkörperbewegung nach rechts, wobei man den Ball aus den Augen verliert.
Im Bemühen, die Körperachse still zu halten, wird auf die natürliche Gewichtsverlagerung nach rechts mit einer Ausgleichsbewegung des Oberkörpers nach links reagiert. *Reverse pivot* ist die Bezeichnung für diese Drehung »in die falsche Richtung«. Das Gewicht ist am Ende des Rückschwungs nicht auf der rechten, sondern auf der linken Seite. Charakteristisch hierfür: Die linke Schulter taucht dabei ab. Am wirkungsvollsten ist die Korrektur vor dem Spiegel, vor allem deshalb, weil man sich seiner falschen Bewegung in den meisten Fällen gar nicht bewusst ist. Wenn der *Reverse pivot* bereits zum festen Bestandteil Ihres Rückschwungs geworden ist, können Sie nicht auf schnelle Abhilfe hoffen, denn er klebt erfahrungsgemäß recht hartnäckig an Ihnen. Der Spruch »Golf ist Mut zur Bewegung« kann hier womöglich helfen. Immer wieder ist der Rückschwung auf die rechte Ferse zu üben und darauf zu achten, dass dabei die Schultern in einer flacheren Ebene drehen. Das Vorher und Nachher, das Falsch und Richtig im Spiegel gesehen muss zur Triebfeder werden, an der von uns empfohlenen natürlichen Gewichtsverlagerung gezielt zu arbeiten.
Der zweite Fehler: Sie verlieren beim Rückschwung den Ball aus den Augen. Das geschieht, wenn die Körperachse zu stark schwankt, noch dazu, wenn dabei zu schnell geschwungen wird. Um wie viel darf sich der Kopf, wenn ihm das schon zugestanden wird, bewegen? Bis zu 4 inches (1 inch = 2,54 cm). Also 10 Zentimeter. So die Empfehlung etwa von *Jim McLean*. Warum nicht 12 oder nur 8 cm? Wir sagen, wenn sich die Wirbelsäule und der Kopf nach rechts bewegen, dann nur in solchem Umfang, dass der Ball zu keinem Zeitpunkt aus den Augen verloren wird. Gerade das Ball-Fixieren kann bei der Arbeit an der Gewichtsverlagerung zum wichtigen Regulativ werden. Wenn wir Ihnen diesen Tipp mit auf den Weg geben und Sie ihn auch beherzigen, haben Sie immer

1

2

Abb. 38 Sowohl der sog. *Reverse pivot* (1) als auch eine übertriebene Gewichtsverlagerung nach rechts, bei der der Ball aus den Augen verloren wird (2), zählen zu den charakteristischen Fehlern während des Rückschwungs.

klare Vorstellungen, innerhalb welcher Grenzen sich die Gewichtsverlagerung vollziehen darf.
Absolut erlaubt ist das Drehen des Kopfes nach rechts, wie es *Jack Nicklaus* am Beginn seines Rückschwungs beispielhaft vorführt. Dabei wird unser »Schildchen« ruhig gehalten und mit der Bewegung des Kopfes nicht die Achse verlassen. Mit einer solchen Drehung vor Schwungbeginn ausgeführt nehmen wir praktisch die Stellung des Kopfes am Ende des Rückschwungs vorweg. Ein solcher »Vorgriff« bewirkt, dass Sie sich um Ihren Kopf keine weiteren Gedanken mehr zu machen brauchen. In einen bisher sehr bewegten Rückschwung kann dadurch viel Ruhe einkehren.

Abb. 39 Auf den beiden folgenden Bildseiten sollen Sie herausfinden, um welches Körpermerkmal es sich jeweils handelt. Sie schulen damit Ihr Auge für richtige und falsche Bewegungen im Golf.

Richtig / Falsch

Abb. 40 Auch wenn Sie sich durch die Lektüre dieses Buches intensiv dem Studium des vollen Schwungs verschrieben haben – vergessen Sie nicht das Kurze Spiel! Zwei Drittel aller Schläge auf einer Runde sind Pitches, Chips und Putts. (Siehe »Richtig Golf rund ums Grün« desselben Autorenteams.)

Hände und Griff

»Das wahre Können liegt immer in einem selbst und wartet nur darauf, freigelegt zu werden.«
KAGAMI

In unserem Golfschwungsystem, dem Drehen des Schlägerkopfes um eine feste Achse, übertragen wir mit den Armen und Händen jene Schlägerkopfgeschwindigkeit, die unseren Schlägen die gewünschten Längen gibt. Der Rest des Körpers ist dafür verantwortlich, dass Arme und Hände in der notwendigen Weise überhaupt aktiv werden können. Weil mit zunehmender Geschwindigkeit von Armen, Händen und dem Schläger immer größere Kräfte auf unseren Körper einwirken, sind die größeren Muskelgruppen (Rücken, Becken, Beine) dazu aufgerufen, die kleineren Muskeln zu unterstützen, deren Arbeit und Aufgaben überhaupt erst zu ermöglichen. Dieses Grundprinzip sollten Sie immer vor Augen haben. Wer aber seine Hände im Vorschwung richtig gebrauchen will, muss sie am Ende des Rückschwungs in einer entsprechenden Position haben. Und diese Position wiederum wird maßgeblich von der Haltung der Hände in der Ansprechposition und natürlich in ganz vorrangiger Weise vom Griff bestimmt.
Die wichtigste Aufgabe des Griffs – »der wichtigste Einzelfaktor der Golftechnik«, wie manche Autoren meinen – besteht darin, für eine korrekte Bewegung des Schlägerblatts in der Treffzone zu sorgen. Der Schläger muss so **durch den Ball** bewegt werden, dass dieser in die gewünschte Richtung fliegt. Was hat man darunter zu verstehen, wenn von »Treffzone« gesprochen wird und nicht von dem viel häufiger zu hörenden »Treffmoment« (*Impact*)? Was bedeutet »durch den Ball«? Was passiert beim Treffen des Balls tatsächlich? Sie sollten das wissen, weil hier vieles missverstanden und auch missinterpretiert wird. Die viel zitierte Behauptung, dass das Schlägerblatt im Treffmoment *square*, sprich im rechten Winkel zum Ziel ausgerichtet sein muss,

- Gutes Golf beginnt mit einem guten Griff, sagt *Ben Hogan*.
- Nach *Jack Nicklaus* kann ein guter Griff den Unterschied von einer gespielten 65 und einer 75 bewirken.
- Für *David Leadbetter* ist ein guter Griff der erste Schritt zu einer korrekten Position des Schlägerkopfes während des Schwungs.
- Für *Greg Norman* ist der Griff der »logische Ausgangspunkt«.
- Niemals sieht man gute Spieler mit einem schlechten Griff oder schlechte Spieler mit einem guten Griff. Der Griff macht den Unterschied.

wenn der Ball geradeaus fliegen soll, ist nicht unbedingt richtig und bedarf der Erklärung. Folgendes nämlich passiert in Wahrheit: Nach dem Auftreffen des Schlägerblatts auf den Ball bewegen sich Schlägerblatt und Ball über eine Strecke von ca. 2 cm gemeinsam. Dann erst verlässt der Ball das Schlägerblatt. Soll der Ball geradeaus fliegen, muss das Schlägerblatt also erst am Ende der 2 cm *square* sein, nicht aber schon beim ersten Ballkontakt. Tatsächlich ist das Schlägerblatt im Treffmoment leicht geöffnet, weil der Schläger sich ja auf einer Kreisbahn bewegt. Ob Sie es nun glauben oder nicht: Ein guter Griff trägt – natürlich in Verbindung mit der Ansprechposition – diesen Anforderungen Rechnung, und es ist von daher nur logisch, dass mit einem »Irgendwie-Griff« die Richtungskontrolle sehr schwierig wird.
Bei dem, was wir Ihnen bezüglich eines optimalen Griffs raten können, stützen wir uns weitgehend auf die Empfehlungen von *Mann*, auf dessen Untersuchungen amerikanischer Tour-Spieler wir eingangs hingewiesen haben. Zwei Gründe vor allem machen es notwendig, dass sich die Hände am Schläger in perfekter Position befinden. Nur dann nämlich ist sichergestellt, dass der Schlägerkopf in der Treffzone tut, was er soll, ein für die Länge des Ballfluges entscheidender Faktor. Darüber hinaus ist dafür gesorgt, dass sich die Handgelenke während des gesamten Golfschwungs in der notwendigen Weise winkeln und entwinkeln lassen.

Viele Spieler glauben, den Schläger so anfassen zu müssen, dass sie ihn in der Treffzone bewusst in eine »square« Stellung manipulieren können. Das aber ist schwierig, wenn nicht gänzlich unmöglich, weil die jetzt wirkenden Schwungkräfte viel zu groß sind, als dass sich eine solch gezielte Kontrolle noch ausüben ließe. Die guten Spieler hingegen greifen ihren Schläger mit der Absicht, dass alle Bewegungen des Körpers auf den Schlägerkopf sozusagen automatisch übertragen werden.
Wie Sie Ihre Hände um den Schlägerschaft, bevor Sie zu schwingen beginnen, platzieren, hat immensen Einfluss auf die Flugbahn Ihres Balls, ob Sie es glauben oder nicht.
Tatsächlich führt schon eine Veränderung von nur 5° des Schlägerblatts beim Ansprechen des Balls zu einer Zielabweichung von etwa 15 m – einen Schlag von 180 m vorausgesetzt. Dazu müssen Sie wissen, dass 3 mm Veränderung Ihrer Hände am Schlägerschaft eine 15°-Änderung des Schlägerkopfwinkels verursachen.
Bei einem guten Griff also geht es um Millimeter. »Gerade um meinen Griff«, werden Sie jetzt vielleicht einwenden, »brauche ich mir keine Sorgen zu machen, und verändern muss ich ihn schon gar nicht, denn erst vor kurzem bin ich ob meines neutralen Griffs ausdrücklich gelobt worden.
Ich greife meinen Schläger nicht zu ›schwach‹ und auch nicht zu ›stark‹ – mein Griff ist gerade richtig.«
Für die in vielen Lehrbüchern empfohlene »neutrale« Griffhaltung gilt Fol-

gendes: Sie wäre sicherlich ideal, wenn man sich mit den Händen in der Treffzone genau an jener Stelle befände, wo die Hände in der Ansprechposition waren. Das aber ist bei einem guten Golfschwung nicht der Fall. Untersuchungen mit Hilfe von High-Speed-Kameras weisen eindeutig nach, dass sich die Hände in der Treffzone bis zu 10 cm näher zum Ziel befinden.
Was Sie also benötigen, ist ein Griff, der gut ist in der Treffzone und nicht in der Ansprechhaltung. Wenn Sie solche Überlegungen überzeugen, versuchen Sie es mit dem sog. Pro-Griff, den *Mann* den amerikanischen Professionals abgeschaut hat (vgl. Abb. 42).
Was die Art des Griffs anlangt, so ist festzustellen, dass die besten Spieler nahezu ausschließlich mit dem *Overlapping*(Vardon)-Griff* spielen. Die Hände seien dabei am engsten beieinander, wird argumentiert. Dies sei von großem biomechanischem Vorteil, weil die Handgelenke so am besten miteinander agieren können. Für den sog. *Interlocking*-Griff steht die Golfautorität *Jack Nicklaus*, der vor allem seine kleinen Hände für diese Griffart zur Begründung anführt. Der gravierende Nachteil wird darin gesehen, dass er die Spieler geradezu zwinge, den Schlägergriff zu weit in die Handflächen hinein zu verlagern. Keine Chance bei den Spitzengolfern hat der 10-Finger (Baseball)-Griff. Er

1

2

Abb. 41
Die Stellung der Hände in der Ansprechhaltung (1) und in der Treffzone (2). Bis zu 10 cm weiter vorn sind sie, wenn der Ball den Schlägerkopf verlässt. Diesem Tatbestand trägt ein guter Griff Rechnung.

*Die Griffarten werden als bekannt vorausgesetzt.

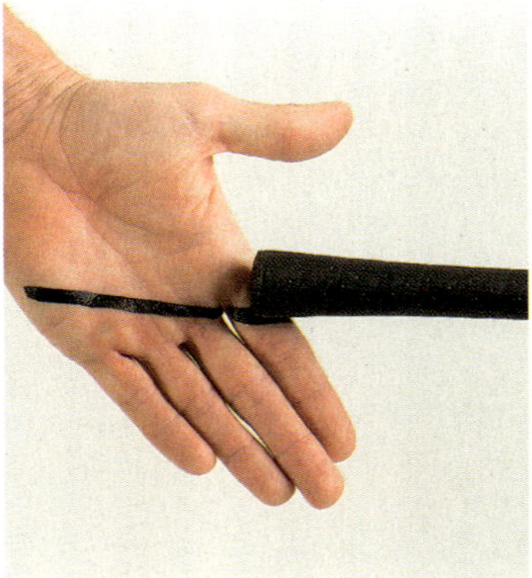

1

2

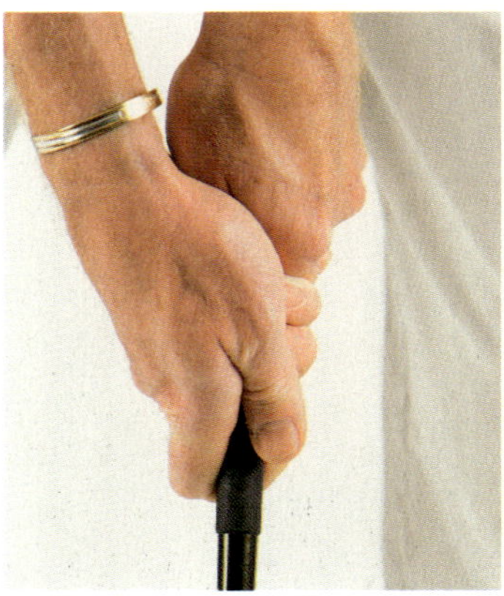

3

Abb. 42 Platzieren Sie den Schlägergriff so in der linken Hand, wie es die Spitzenspieler tun. Der Filzstift weist Ihnen den Weg (1). Der Vorteil dieser Position liegt darin, dass die Handgelenke besonders gut winkeln können und dass sich die Hebelkräfte unbehindert übertragen lassen (2). Wie zu sehen ist, haben sich die Hände im »Pro-Griff« ein wenig aus der »neutralen« Haltung weggedreht (3). Die linke ist durch das Drehen im Uhrzeigersinn etwas »stärker« geworden, wobei der linke Daumen auf der rechten Seite des Schlägergriffs platziert wird. Auch die rechte Hand hat die »neutrale« Position im Uhrzeigersinn verlassen. Die Linie, aus rechtem Daumen und Zeigefinger gebildet, zeigt jetzt auf die rechte Schulter. Das ist der Griff, der die beste Voraussetzung bietet, den Schlägerkopf in der Treffzone »richtig« an den Ball zu bekommen (vgl. Text). Der Griff passt sich nahtlos in die von den Professionals bevorzugte Ansprechhaltung ein. Ganz wichtig ist dabei, dass das Drehen der Hände im Uhrzeigersinn um den Schlägerschaft ein Beugen des rechten Ellenbogens fördert und sich der linke Arm in einer Position vor dem rechten befindet (vgl. Abb. 17). Ideale Voraussetzung nicht zuletzt deshalb, weil damit dem so wichtigen Beugen und Strecken des rechten Ellenbogens während des Schwungs Vorschub geleistet wird.

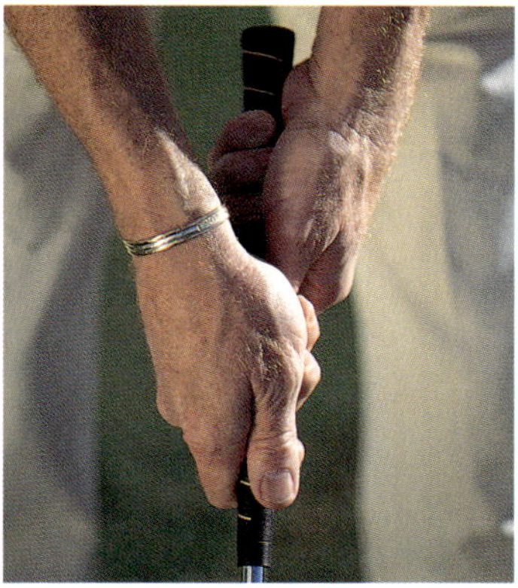

1

2

Abb. 43 Obwohl wir an anderer Stelle (vgl. S. 118) einer gezielten Veränderung des Griffs das Wort reden – in manchen Fällen lässt sich nur durch solche Maßnahmen die Freude am Spiel überhaupt noch erhalten –, sei an dieser Stelle auf die Nachteile des zu schwachen und zu starken Griffs hingewiesen.
Beim zu schwachen Griff (1) – die Hände haben sich entgegen dem Uhrzeigersinn um den Schaft gedreht – schwingt immer die Gefahr mit, dass die gesamte rechte Körperseite in der Ansprechhaltung nach oben geht. Die Schultern sind dann nicht mehr gekippt (vgl. Abb. 20), die rechte nicht mehr unter der linken. Das ungehinderte Schulterdrehen wird eingeschränkt. Ein zu starker Griff (2) fördert die Tendenz, den linken Oberarm im Vorschwung vom Körper abzukoppeln. Die Fachsprache nennt das *Disconnection*. Es ist ein eher unauffälliger Fehler, aber einer mit Wirkung. Der Körper kann die Arme nicht mehr führen. Grundsätzlich lässt sich behaupten, dass jede Veränderung weg vom »Pro-Griff« mehr Probleme zeitigt, als sie Nutzen bringt. Bedenken Sie auch immer Folgendes: Ein schlechter Griff ist kein singuläres Problem. Einem schlechten Griff folgt fast immer ein schlechter Schwung.

behindere allzu sehr die freie Bewegung der Handgelenke und gleichermaßen auch, dass diese als Einheit agieren könnten.
Schauen Sie, wenn Sie vor dem Spiegel stehen und einmal mehr an Ihrem Rückschwung feilen, bewusst auf Ihre Hände. Sie haben sich am Ende des Rückschwungs abgewinkelt. Das Verständnis dafür stellt sich mit folgender Übung ein: Aus der Ansprechhaltung heraus heben Sie den Schläger nur dadurch an, dass Sie beide Handgelenke nach oben winkeln. Nur die Handgelenke werden bewegt, die Arme bleiben da, wo sie sind. Das ist jetzt in der Vorstellung der Mehrheit der Golfspieler alles, was zu tun ist, damit im Schwung von einer korrekten Handaktion gesprochen werden kann. Im Englischen wird dieser Vorgang als *Cocking* bezeichnet (vgl. Abb. 44).
Was vielen Spielern, sogar auch

1

2

Abb. 44 Hier werden die Handgelenke nach oben gegen die Daumen gewinkelt. Die Mehrheit aller Spieler kommt über diese Form des Handeinsatzes nicht hinaus. Bei einem solchen Winkeln der Hände aber bleiben diese als Kraftquelle weit unter ihren Möglichkeiten.

wirklich guten, nicht bekannt ist: Es gibt noch eine zweite Art, ein Handgelenk zu nutzen, und mit dieser lassen sich die Hände in ihrem vollen Potential gebrauchen.

Beugen Sie Ihr rechtes Handgelenk auf Ihren rechten Unterarm zu, so wie dies in Abb. 45 demonstriert wird. Dieses sog. *Hinging** (*hinge*, engl. = Scharnier) soll so stark sein, dass dabei fast ein rechter Winkel entsteht. Das Winkeln des rechten Handgelenks, so wie es in Abb. 45 dargestellt ist, sollten Sie mehrmals wiederholen. Dabei ergibt sich automatisch, dass der rechte Ellenbogen in die rechte Bauchseite stößt, und dass die linke Hand relativ passiv nur dem folgt, was die rechte vorgibt. Die rechte Hand also diktiert fast ausschließlich, was zu einer kraftvollen Handaktion wird.

Beim Beugen der rechten Hand hin zum Unterarm wird wie von selbst der linke Handrücken gestreckt, so dass er eine Linie mit dem Unterarm bildet. Genau jene Position der Hände wird damit erreicht, die auch am Ende des Rückschwungs eingenommen werden soll. Die linke Hand hat gegen den Daumen gewinkelt, die rechte hat sich zum Unterarm hin gebeugt. Schon bei dieser Handaktion aus der Ansprechhaltung heraus stellt sich ein Gefühl von Kraft ein.

*In »The golfing machine« wird diese Bewegung als *bending* bezeichnet.

Das Winkel-Setzen ist nun keineswegs eine nur golfspezifische Bewegung. Sofern Sie Tennis oder Squash spielen, beugen Sie beim Ausholen ganz automatisch mit Ihrem Schläger das rechte Handgelenk. Auch beim Ball- oder Steinewerfen gehören aktive Handgelenke einfach dazu. Das Winkeln der rechten Hand spiegelt bewusst oder unbewusst den Willen zu einer kraftvollen Aktion. Zu Recht wird diese Bewegung im Golf als *Power hinge* bezeichnet (Abb. 46).

Wenn Sie mit »gesetzten Winkeln« oben angekommen sind, haben Sie die im weiteren Verlauf viel zitierte »Tablett-Stellung« eingenommen. Jeder von uns hat schon Kellner gesehen, die hinter ihrem Kopf ein Tablett balancieren, das auf einer fast horizontal gebeugten rechten Handfläche ruht. Eine solche Position zu erreichen muss ab jetzt Ihr Ziel sein. Das Beugen der rechten Hand ist, so unglaublich es fürs Erste auch sein mag, neben dem Aufdrehen des

Abb. 45 Das ist die Übung, mit deren Hilfe Sie eine Vorstellung und auch das Gefühl für eine kraftvolle Handaktion bekommen. Aus der Ansprechposition heraus wird das rechte Handgelenk so weit es geht gegen den rechten Unterarm gewinkelt. Dabei »cocked« das linke Handgelenk ganz automatisch. Der Schlägerschaft stellt sich parallel zum Boden und auch parallel in die Richtung, in die der Ball fliegen soll. Die Arme bleiben vor dem Körper – vorläufig keine Bewegung nach hinten! Aufmerksamkeit auch auf das Schlägerblatt. Es zeigt nicht vertikal nach oben, sondern ist leicht nach vorn geneigt. Das ergibt sich automatisch, wenn der linke Handrücken die gewünschte gerade Linie mit dem Unterarm bildet und weil der Oberkörper nach vorn gebeugt ist.

1

2

1 2 3 4

Abb. 46 Im Zuge der weiteren Verfeinerung Ihrer Golftechnik sollten Sie jetzt daran arbeiten, mit den gewinkelten Händen das Ende Ihres Rückschwungs zu erreichen. Sie sprechen dazu den Ball an und setzen aus dieser Position heraus die Winkel, so wie Sie es schon gemacht haben. Drehen Sie jetzt die Schultern, bis die linke unter Ihr Kinn kommt, und machen Sie einfach alles, was Sie bei Ihrem Rückschwung schon können. Sehr schnell werden Sie feststellen, dass Sie die Bälle besser treffen und auch weiter schlagen, wenn Sie einzig und allein den drehenden Schultern erlauben, den Schläger nach oben zu schwingen. Machen Sie auf keinen Fall den Fehler, lediglich die Arme zu schwingen: Die Schultern müssen es sein, welche die Arme bewegen, und damit wird gleichzeitig der Schläger in Bewegung gesetzt. Je mehr sich die Arme verselbständigen können (also losgelöst vom Motor Schultern agieren), desto sicherer können Sie sein, keine gute Position am Ende des Rückschwungs zu erreichen. Gerade mit dieser Übung sollten Sie sich selbst überzeugen, dass die Schultern der Motor, die treibende Kraft sind.

Wenn Sie tatsächlich die Hände- und Schlägerposition unverändert von unten nach oben bekommen, dann besteht zwischen rechter Hand und rechtem Unterarm am Ende des Rückschwungs ein annähernd rechter Winkel, wobei die rechte Hand mehr oder weniger unter dem Schläger ruht. Das linke Handgelenk ist dabei gestreckt, d.h. der linke Handrücken bildet eine gerade Linie mit dem linken Unterarm. Das linke Handgelenk hat gewinkelt (*cocking*) und zwar gerade so, dass die linke Hand mit dem Schläger ebenfalls einen rechten Winkel bildet. Wie stark sich die Winkel ausbilden, hängt von der Flexibilität Ihrer Handgelenke ab. Einmal mehr können Sie sich an dieser Stelle überzeugen, wie wertvoll ein guter Griff ist. Der »Pro-Griff« schafft beste Voraussetzungen, dass die genannten Positionen auch tatsächlich erreicht werden können.

5

Körpers eine zweite wichtige Kraftquelle im Golfschwung. Beim näheren Eingehen auf die Stellung der Hände im Treffmoment (vgl. S. 100 f.) wird Ihnen das deutlich werden. Rechter Handrücken zurück, und dann drehen bis zum Ende des Rückschwungs: Das ist die Übung, die Sie jetzt immer wieder durchexerzieren sollten. *Power coil* (das Aufdrehen des Körpers) und *Power hinge* – jetzt ist die Feder wirklich maximal gespannt. Diese Position der Hände ermöglicht das sog. *Late hitting* – die feinste Technik, den Ball zu treffen. Wird die rechte Hand korrekt in Position gebracht, dann vermittelt der Rückschwung ein Gefühl, dass der Schläger sehr viel mehr um den Körper herum geführt wird. Fragen Sie sich, ob sich ein solches Gefühl bei Ihnen tatsächlich einstellt bzw. ob Sie sich dieser Aktion wirklich bewusst werden.

Zwei Fragen wollen Sie jetzt vielleicht beantwortet haben. Erstens: Fällt der Schläger durch das starke Beugen der rechten Hand nicht aus der korrekten Schwungebene heraus? Dies ist eine viel gehörte Befürchtung. Das Gegenteil ist der Fall. Das Beugen des rechten Handgelenks in der beschriebenen Weise hält den Golfschläger exakt in der idealen Schwungebene und sorgt für eine absolut optimale Anordnung im Hinblick auf eine maximale Kraftentfaltung aus der rechten Seite heraus. Zweitens wird gefragt, ob sich nicht die Unterarme im Rückschwung drehen müssen. Natürlich drehen sie sich auf dem Weg nach hinten. Auf das Maß, wie dies zu geschehen hat, brauchen wir aber gar nicht einzugehen. Die »Tablett-Stellung« am Ende des Rückschwungs, die zu erreichen Sie gerade tatkräftig üben, beinhaltet bereits die korrekte Unterarmrotation. Wohlgemerkt: Sie beschäftigen sich derzeit nur damit, die optimale Stellung der Hände am Ende des Rück-

Abb. 47 So sollten Sie am Ende des Rückschwungs Ihre Hände sehen. Die Aktion der Hände wird als »Das-Winkel-Setzen« bezeichnet, englisch: *setting the wrists.*

1

2

3

Abb. 48 Wenn Sie mit richtig gewinkelten Handgelenken Ihren Rückschwung ausführen, dann spüren Sie, dass der Schläger in einem sehr viel runderen Weg oben ankommt. Und nur, wenn die Schulterdrehung in Verbindung mit dem Schwungradius ein bestimmtes Maß erreicht, zeigt der Schläger tatsächlich zum Ziel (1). Wird ein bisschen kürzer geschwungen, zeigt der Schläger nach links (2), wird besonders weit zurückgedreht, zeigt der Schläger nach rechts (3). Das ist eine ganz andere Folgeerscheinung, als wenn der Schläger oben einfach nur auf die Daumen »abgelegt« wird. Wer sich zu viel auf die vermeintlich korrekte Schlägerposition am Ende des Rückschwungs konzentriert, läuft Gefahr, in die Falle einer schwächelnden Handposition zu geraten.
Weshalb Ihre Körper- und Schulterdrehung – gleichgültig, in welchem Maße Sie dazu fähig sind – immer gleich ausfallen sollte, ist auf S. 26 nachzulesen.

schwungs zu erreichen bzw. ein Gefühl dafür zu entwickeln, wann alle Winkel richtig gesetzt sind. Die Bedeutung der Hände, angefangen beim Griff bis hin zum Setzen korrekter Winkel, können wir Ihnen gar nicht genug ans Herz legen.
Bis jetzt haben Sie nur die bereits »gesetzten Winkel« nach hinten geschwungen und sind dabei auch mehr oder weniger gut oben angekommen. Ganz anders aber ist die Situation, wenn aus der Ansprechhaltung heraus und während der normalen Rückschwungbewegung die Winkel gesetzt werden müssen – also fließend gewinkelt werden muss.
Da zeigt sich nämlich, dass kaum jemand diese Idealposition erreicht. Meist wird dabei die Flexibilität des rechten Handgelenks bei weitem nicht genutzt. Weil ein optimales Zusammenspiel von Griff und Handgelenksaktion gefordert ist, erinnern wir an eine Grundvoraussetzung: **feste Finger im Griff, aber lockere Handgelenke während der gesamten Aktion.**

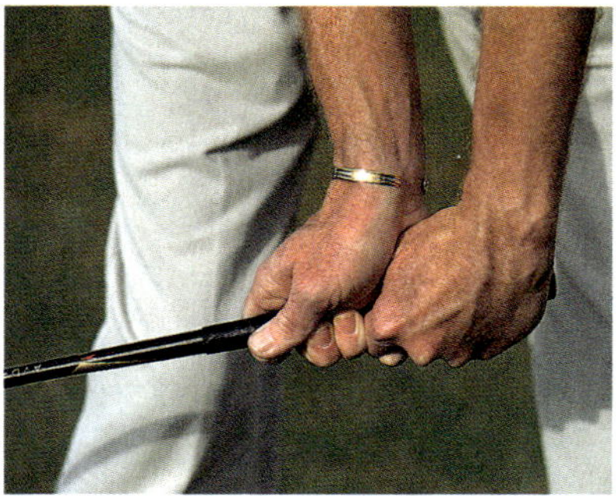

Abb. 49 Eine der vier *Magic moves*, die *Joe Dante* beschreibt, ist der *Power hinge* der rechten Hand. Sein Credo lautet: **Beginne den Rückschwung mit dem Winkel-Setzen**. Er sagt, man täte sich am leichtesten, wenn man den *Forward press* dafür einspannen würde. Wenn die Hüften und die Hände nach ihrer Mini-Vorwärtsbewegung zur Ausgangsstellung zurückkommen, wird mit der Wurzel der rechten Hand energisch Druck auf den Knöchel des linken Daumens ausgeübt. Nach *Dante* hat das derart nachhaltig zu erfolgen, dass sich der **Rücken der linken Hand so weit wie möglich unter die rechte Hand dreht**. Wenn Sie es richtig gemacht haben, dann sind für Sie nur der Zeigefingerknöchel der linken und nur zwei Knöchel der rechten Hand (Zeige- und Mittelfinger) zu sehen. Das Winkel-Setzen muss beendet sein, noch bevor die Hände sich aus ihrer Ansprechposition weg bewegen. Und alles in Ihren Händen sollte sich so anfühlen, als seien die Handgelenke bis an die Grenze ihrer Möglichkeiten gebeugt. Diese jetzt eingenommene Position der Hände darf sich während des **gesamten Schwungs** nicht um ein Jota verändern, darauf legt *Dante* besonderen Wert. Nur so sei sichergestellt, dass der Ball korrekt getroffen wird.

Nick Faldo hat einmal gesagt, es bliebe nur ganz wenigen Amateuren vorbehalten, korrektes Winkel-Setzen überhaupt jemals zu erlernen. Und das können Sie selbst sofort an sich überprüfen, wenn Sie den Unterschied der »Tablett-Stellung« bewerten, die Sie bei schon gewinkeltem Start oder bei einem ganz normalen erreichen.

Es gibt leider keine weiteren speziellen Übungen, durch die wir das Erreichen des *Power hinge* gezielt unterstützen können. Methodisch haben Sie aber einen soliden Grundstein gelegt, indem Sie genau wissen, nach welcher Position Sie streben müssen.

Unter den Professionals wird das Winkeln in recht unterschiedlicher Weise praktiziert. *Corey Pavin* und *Johnny Miller* etwa setzen die Winkel gleich zu Beginn ihres Rückschwungs, etwa nach dem Motto: »Was ich hab', das hab' ich.« Vielen Pros gelingt es in fließender Bewegung, so dass für den Zuschauer überhaupt nicht zu erkennen ist, wo und wie es eigentlich geschieht. *Jack Nicklaus* wieder »hinged« erst kurz vor Ende des Rückschwungs, was die Gefahr in sich birgt, den Schläger wippend zum Ende des Rückschwungs zu bringen. Als allgemeine Empfehlung darf gelten, dass man den Schwung des Schlägers, d. h. seine Fliehkraft während des Rückschwungs, nutzen sollte, um in die richtige Handposition zu kommen. Viele Wege führen nach Rom. Sie werden wohl Ihren eigenen finden müssen.

Der *Power hinge*, sagt *Nick Faldo*, sei eine so verflixte Bewegung, dass er sie vor Beginn des Rückschwungs meist vorweg praktiziere. Manchmal fühlt er dann das rechte Handgelenk sich deutlich nach hinten abwinkeln und auch, dass der Schläger sofort in die richtige Position kommt. Manchmal auch brauche er diese Bewegung gar nicht vorwegzunehmen, sagt er; da genüge ein etwas ausgeprägterer *Waggle*, damit man alles richtig macht.
Noch etwas zu den Schwunggedanken. Das Aufdrehen und das Winkelsetzen müssen zusammen erfolgen, um die Feder maximal unter Spannung zu setzen. »Drehen« und »Setzen« sind daher die Kommandos, die wir unserem Körper geben müssen. Vorrang hat ohne Frage das Aufdrehen, also sollten die Kommandos in der oben genannten Reihenfolge erfolgen. Wer sich aber zum erstenmal mit den Händen so richtig beschäftigt, sie sozusagen als neues Element in seinen Schwung einbauen will, der kann sich durchaus das »Setzen« zum Leitkommando wählen. Ein zu frühes Winkeln kann es gar nicht geben. Doch Vorsicht: Das komplette Schulterdrehen darf durch das frühe »Aufladen« der Hände nicht untergehen. Und noch etwas können wir Ihnen raten. Wenn sich Ihre Schläge eine Zeitlang als saft- und kraftlos erwiesen haben, sollten Sie wie folgt üben: Winkel setzen, so gut es geht, aufdrehen, so weit wie möglich – Power stellt sich dann wieder von ganz alleine ein.
Kontrollieren Sie Ihren Griff am Ende des Rückschwungs. Hat er der Belastung tatsächlich standgehalten, oder hat sich, was wiederholt vorkommt, die linke oder auch die rechte Hand geöffnet? Der Griff gehört in jedem Fall dauernder Beobachtung unterzogen, und es sei Ihnen ans Herz gelegt, dass sich alle Ihre Versuche in Sachen Handaktion keinesfalls zu Lasten Ihres guten und festen Griffs abspielen dürfen.
Erfolgreiche Arbeit am *Hinging* der rechten Hand bringt fraglos so viel, dass wir Ihnen nur raten können, sich bis an die Grenzen Ihrer golferischen Belastbarkeit damit zu beschäftigen. Bedenken Sie auch eines: Jetzt wird ganz bewusst die rechte (starke) Hand ins Spiel gebracht, so dass mehr Kraft als bisher in die Schläge gelegt werden kann, was sich für Ihre Längen mehr als positiv auswirken wird.

Der Rückschwung als fließende Bewegung

Sie haben jetzt schon ein ungemeines Lernpensum hinter sich. Sie haben gelernt, worum es generell beim Rückschwung geht, Sie verfügen über ein Wissen, welches Ihnen tiefen Einblick in Bewegungsabläufe gestattet. Sie wissen, weshalb eine Einzelbewegung so und nicht anders ablaufen soll, und besitzen eine gute Basis, zielgerichtet an sich zu arbeiten.
Sie stehen jetzt hinter dem, was Sie tun, und haben das weite Feld

permanenter Golfirritationen hinter sich gelassen.
Dennoch muss an dieser Stelle die Frage erlaubt sein, von welchen Gedanken Sie sich leiten lassen, wenn Sie mit dem Schläger in der Hand an Ihrem Rückschwung feilen. Kopf still halten, Knie gebeugt, Schultern drehen, linker Arm gestreckt usw. – alles Bewegungen, die im Rückschwung ihren Platz haben, die Sie aber alle miteinander unmöglich auf einmal kontrollieren können. Sie wären da mit Sicherheit überfrachtet. Also werden Sie es so machen, dass Sie sich nacheinander Ihre Schwachpunkte herausnehmen – welche das sind, hat Ihr inzwischen geschultes Auge vor dem Spiegel längst festgestellt – und gezielt an deren Verbesserung arbeiten. Das Wesentliche in Ihrem Rückschwung aber sind zwei Bewegungen, die immer, sozusagen bei jedem Rückschwung, größte Bedeutung haben und die für Sie prägende Schwunggedanken sein müssen:

1 Das Drehen des Körpers und besonders der Schultern, weil damit wesentlich über die Länge Ihrer Schläge entschieden wird, und

2 die »Tablett-Stellung«, weil in sie Kraft und Richtung (wie gleich erläutert wird) sozusagen eingebaut sind.

Diese beiden Bewegungen so gut auszuführen, wie es Ihnen möglich ist, müssen die beiden General-Schwunggedanken des Rückschwungs sein. Wenn Sie also, was wir nicht hoffen wollen, wirklich nichts anderes an Ihrem Rückschwung verbessern wollen, an Feinarbeit nicht interessiert sind, dann drehen Sie wenigstens beim Üben auf der Driving Range mit aller Macht die Schultern und strecken Sie das »Tablett« so weit es geht nach hinten oben und weg von Ihrem Körper.
Nun sagt kein anderer als *Jack Nicklaus*, dass jeder Spieler überfordert sei, wenn er auf dem Platz mit zwei Schwunggedanken an die Schläge heranginge. Niemals mehr als einen, ist sein Credo, am besten überhaupt keinen technischen, sondern eher einen, der sich auf Timing oder Tempo bezöge. Wenn wir, die Autoren, trotzdem einen technischen Gedanken für den Rückschwung empfehlen sollten, dann würden wir uns für einen anderen Schwunggedanken entscheiden: den richtigen **Beginn des Rückschwungs** nämlich. Dies trifft vor allem zu, wenn es um Situationen unter Druck geht. Nach dem Motto: Anfang gut, alles gut. Wenn Sie sich auf einen korrekten *One piece take away* konzentrieren, können Sie sicher sein, dass die entscheidenden Muskelgruppen entsprechend gut programmiert werden, auf dass der gewünschte Rückschwung quasi zwangsläufig folgt.
Überprüfen Sie sich selbst. Stellen Sie Ihren Rückschwung auf den Platz draußen ausschließlich unter den *One piece take away*-Gedanken und bewerten Sie daraufhin Ihre Schläge. Nicht schlecht, oder?

One piece take away!

Abb. 50
»Gott gebe mir die Gelassenheit, Dinge anzunehmen, die ich nicht ändern kann, den Mut, Dinge zu ändern, die ich ändern kann, und die Weisheit, das eine vom anderen zu unterscheiden.«
THERESIA VON AVILA

Der Vorschwung

> ***Wahrscheinlich die besten Chancen, zu einem perfekten Golfschwung zu kommen, hat derjenige, der sich bewusst von jeder natürlichen Bewegung verabschiedet und genau das Gegenteilige von dem tut, was ihm sein Instinkt sagt.***
>
> BEN HOGAN

Was ist Ihrer Ansicht nach die erste Bewegung, wenn Sie einen Schritt machen, beim Gehen also? Fast jeder, den Sie fragen, wird antworten: »Bein nach vorn«, denn auffallend bewegt sich tatsächlich nur das Bein. Dennoch: Diese Analyse ist falsch! In Wirklichkeit wird zuerst der Oberkörper nach vorn gebeugt, und mit dem Schritt nach vorn wird instinktiv versucht, die Balance zu halten. Das Beispiel soll Ihnen klarmachen, dass Sie nicht jeder persönlichen Analyse Ihrer eigenen Bewegung trauen dürfen. Sie glauben, etwas zu tun, tun tatsächlich aber etwas ganz anderes. Oftmals begreift man Bewegungen in ihrem tatsächlichen Ablauf erst dann, wenn einem klar wird, was wirklich passiert. Bei der Arbeit am Vorschwung hat diese Erkenntnis eine Reihe erstaunlicher Parallelen.

Für die vor uns liegende Arbeit ist Folgendes ganz wichtig: Wenn wir im Wissen, dass tatsächlich der Oberkörper der Auslöser fürs Gehen ist, uns mit diesem Bewusstsein vorwärts bewegen wollen, kommt Groteskes heraus. Der Oberkörper wird vor jedem Schritt nach vorn geworfen, diese Bewegung damit maßlos übertrieben, so dass jedes natürliche Gehen unmöglich wird. Auch dieser Sachverhalt hat Parallelen im Golfschwung. Ein Beispiel: Berühmt, und immer wieder als das Geheimnis eines guten Schwungs postuliert ist die *Hogan*-Empfehlung: Man solle als allererste Bewegung im Vorschwung die Hüften drehen. Was kommt dabei heraus? Jeder kann das Ergebnis jeden Tag auf jedem Golfplatz der Welt beobachten. In übertriebener Weise werden die Hüften nach vorn geschleudert, und dem Betrachter drängt sich der Eindruck auf, dass der gesamte Schwung nur noch aus Hüftaktivitäten besteht (Abb. 54). Werden Bewegungen aus einem Gesamtablauf isoliert und zum entscheidenden Faktor gemacht, geht damit eine Übertreibung einher, die eine natürliche Gesamtbewegung nicht mehr zulässt.

Gerade weil es eine Vielzahl solcher verführerischer *Magic moves** gibt, die sicherlich alle ihr Gutes haben, sonst könnten sie sich ja nicht über all die Jahre in der Schwungdebatte halten, müssen wir im Nachfolgenden alles daransetzen, die Dinge für Sie ins verständlich anatomisch-physikalische Licht zu rücken. Nicht ein (allein selig machender) Schwunggedanke soll hier im Vordergrund stehen, viel-

*Die »Magic moves« von *Joe Dante* wollen wir von dieser Kritik betont ausnehmen.

mehr wollen wir ein grundsätzliches Verständnis für den gesamten Vorschwung in Ihnen wecken – das ist unser Ziel. Dabei hören wir schon den Einwand vieler: So viel Kopfarbeit und so wenig natürliche Bewegung! Golf müsse doch auch ganz instinktiv zu erlernen sein, ohne dabei den Wissensumfang eines Akademikers vor seiner Abschlussprüfung in sich anhäufen zu müssen. Wer es so »natürlich« lernen kann, schön und gut. Ihm gilt sicherlich unsere ganze Bewunderung. Wer aber nicht, dem bleibt auf seinem Weg zu gutem Golf die Arbeit an Verständnisvorgängen nicht erspart. *Seve Ballesteros* nennt eines seiner ausgezeichneten Bücher »Natural Golf«. Eine krasse Fehlbenennung! Darin finden sich überschlägig 70% Anweisungen an den Intellekt! So einfach den Schläger nur zu schwingen, ist offensichtlich auch einem solchen Golfgenie nicht in die Wiege gelegt.
Ein berühmter Golflehrer war *Ernest Jones*. Vor dem Ersten Weltkrieg schon zog er Schüler scharenweise an, weil er offensichtlich die Quadratur des Kreises in Sachen Golf erfunden hatte. Sein Credo war simpel: Schwinge den Schlägerkopf und alles andere fügt sich von selbst. Eine im höchsten Maße verführerische und damit gefährliche Anleitung – vor allem weil sie so plausibel erscheint. Es ist ja wahr, dass wir den Ball mit dem Schlägerkopf treffen müssen und dass der Schlägerkopf schnell gemacht werden muss, um die gewünschten Längen zu erzielen. Wozu sollte ein Schlägerkopf sonst nützlich sein, als ihn zu schwingen? So ist denn auch der Schwunggedanke der überwiegenden Mehrheit der Golfspieler jener, der sich bewusst oder unbewusst auf den Schlägerkopf und seinen Weg hin zum Ball konzentriert. Ein gefährliches Unterfangen.
Wir sind mit *Joe Dante* der Überzeugung, dass die Probleme im Golf vorrangig deshalb entstehen, weil sich die meisten Spieler zu sehr auf das Schwingen des Schlägerkopfes kaprizieren, dass fast alle Schwierigkeiten vom bewussten Versuch herrühren, diesen gezielt zu manipulieren.
Schon im frühen Stadium des Vorschwungs werden die Handgelenkswinkel aufgegeben und der Schlägerkopf wird zum falschen Zeitpunkt schnell. Der Schläger wird unter solchen Umständen einer den Schwung unterstützenden Körperaktion entzogen, und das Golfschicksal von 99 % aller Spieler erfüllt sich mit jedem Schlag aufs Neue. Der Ball wird zu früh und kraftlos getroffen, noch dazu auf einer Schwungebene von außen nach innen. Und das Ganze nur, weil versucht wird, den Schlägerkopf aktiv an den Ball zu bringen – den Schlägerkopf zu schwingen! Was in Wahrheit getan werden muss, das Erfolgsrezept von *Dante*, finden Sie auf S. 114. So unglaublich es ist, der Schlägerkopf »findet« den Ball und trifft ihn in geradezu idealer Weise, wenn wir **nicht** den Versuch unternehmen, das Schlägerblatt bewusst an den Ball zu bringen. Ein echter *magic move!*

Auch heute noch wird der These vom Schwingen des Schlägerkopfes in den Fachmedien Raum gegeben. Die guten Spieler, die zum Beweis herangezogen werden, schwingen ihre Schläger eben mit dieser atemberaubenden Natürlichkeit, von der wir annehmen müssen, dass ihr kein Geheimnis zugrunde liegt. Tatsächlich aber haben alle diese berühmten Lehrer und Spieler Jahrzehnte an ihrem Schwung in jeder Einzelheit intensiv gearbeitet. Und erst nach dem Schweiß haben die Götter die unendliche Leichtigkeit der Dinge gesetzt!
Aus unserer Sicht muss – um es einmal mehr zu betonen – jeder Spieler jeden einzelnen Teil der Golfbewegung verstehen, um dann zu begreifen, wie sich alles zu einem Ganzen fügt. Viele Golfspieler haben unserer Meinung nach den Fehler gemacht, das Spiel nicht in einem »Eins-nach-dem-anderen-System« erlernen zu wollen. In der Arbeit an ihrem Schwung nämlich erst dann einen Schritt weiterzugehen, wenn das Vorhergehende verstanden ist und auch entsprechend ausgeführt werden kann. Wir alle haben in unserem Leben gelernt, erst Buchstaben zu kennen, um dann das Wort zu begreifen. Und erst die Wörter zu beherrschen, bevor daraus ein Satz werden kann. Richtig Golf zu lernen folgt einem ähnlichen Schema. Menschen, die gelernt haben, sich Dinge richtig anzueignen und diese ihren Möglichkeiten entsprechend ausführen können, wissen, dass Golf einen langwierigen Lernprozess voraussetzt und dieser dem Step-by-step-Prinzip folgt. Sie fallen nicht auf Schnellschuss-Analysen und effekthascherische Unterrichtsmethoden herein. Schlechtes Golf und das Fehlen jeglichen Fortschritts gründen vielfach auf nicht oder falsch verstandene Informationen, auf Informationen, die falsch umgesetzt werden, auf solchen, die man vergisst und natürlich auch auf Aussagen, die einfach nicht wahr sind.
Wir kommen jetzt zu dem Teil des Golfschwungs, der gemeinhin als sehr schwierig gilt. *Jack Nicklaus* hat einmal gesagt, dass es zwei Knackpunkte im Golfschwung gibt: Beim Rückschwung sind es die ersten Zentimeter weg vom Ball, das kennen wir ja bereits, und des weiteren sind es die ersten Zentimeter innerhalb der Vorschwungbewegung. Wenn da Fehler gemacht würden, sagt er, ließen sich diese während des Schwungs nur schwerlich wieder ausbügeln.
Sie haben sich mittlerweile einen perfekten Griff angeeignet, verfügen vor den Augen auch intimer Kenner des Golfschwungs über einen korrekten *Take away*, drehen sich wunderbar auf und erreichen am Ende des Rückschwungs eine in jeder Hinsicht fehlerlose Position – und dennoch: Jetzt genau ist der Moment gekommen, wo sich alles wirklich Wichtige entscheidet: die erste Bewegung des Vorschwungs.*

*Eine Aufgliederung in Abschwung und Durchschwung erscheint uns entbehrlich.

Abb. 51 Beim Versuch, aus der Rückschwungposition heraus mit dem einen Golfball den anderen zu treffen, werden Sie für sich und Ihren Golfschwung sehr wichtige, wenn nicht gar entscheidende Kritierien erarbeiten können. Zunächst stellen Sie fest, dass eine deutliche Kraftentfaltung nach **unten** und nicht nach vorn stattfindet. Der rechte Arm muss sich strecken, wenn Sie dem geworfenen Ball Wucht geben wollen. Genauso ist es, wenn Sie den Schläger in der Hand halten. Den Ball **in den Boden** schlagen zu wollen, das muss Ihre Vorstellung sein – *descending blow* in der Fachsprache. Bemerken werden Sie weiterhin, dass die rechte Schulter bei der Wurfbewegung vorwiegend nach unten tendiert. Auch drehen die Hüften nur in bescheidenem Umfang, wie sich überhaupt sagen lässt, dass der gesamte Unterkörper an der Wurfbewegung aktiv nicht sonderlich beteiligt ist. Achten Sie auch darauf, dass Sie bewusst oder unbewusst mit Ihrem Körper im Bemühen, den Ball zu treffen, hinter diesem bleiben – alles »Körpereinstellungen«, die in guten Golfschwüngen auszumachen sind.

1

2

Absolut tödlich ist:

- Das sofortige, übertriebene **Drehen** der Hüften zum Ziel. Man programmiere sich auf Desaster, sagt *Joe Dante* in seinen »Magic moves«.
- Eine mit dieser Drehbewegung Hand in Hand gehende **überaktive** rechte Schulter.
- Der bewusste Versuch, den Schlägerkopf an den Ball bringen zu wollen (vgl. S. 82).

Wenn Sie das tun, passiert Folgendes: Sie machen erstens den Schlägerkopf zum falschen Zeitpunkt schnell – à conto Länge natürlich. Zweitens werfen Sie den Schläger aus seiner idealen Schwungebene in eine Außen-Innen-Bahn, was die Richtungskontrolle zerstört. Heraus kommt der viel zitierte *Pull* oder *Slice* – je nachdem, wie sich das Schlägerblatt in der Treffzone verhalten hat. Offensichtlich handelt es sich bei den oben beschriebenen fehlerhaften Aktivitäten um natürliche Bewegungen. Möglicherweise ist das die natürliche Art, auf den Ball zu schlagen, sonst würde sie nicht von der Mehrzahl der Golfer tagtäglich vorgeführt – allerdings mit den entsprechenden negativen Resultaten.
Was im Gegensatz zum eben Gesagten tatsächlich passieren sollte, davon können Sie sich die beste Vorstellung machen, wenn Sie der Übung in Abb. 51 Ihre Aufmerksamkeit schenken. Ein übrigens in den Fachzeitschriften häufig abgehandelter Drill.

1 2 3 4 5

Abb. 52 Vielleicht gehören auch Sie zu jenen Spielern, die sagen: »Im ›Trockenen‹ kann ich eine wunderbare Schwungbewegung machen, aber immer wenn der Golfball vor mir liegt, verliere ich all meine Natürlichkeit.« Bei der sog. Baseball-Übung sind Sie von dieser psychologischen Blockade befreit. Der Schläger wird dabei waagerecht um den Körper herumgepeitscht. Nach vorn und auch gleich wieder zurück. Diese Übung passt hier geradezu ideal ins Konzept, um die Wirkung des Gesamtsystems zu verdeutlichen, zu »erfühlen«, wie schnell der Schlägerkopf sich infolge des Drehimpulses bewegen lässt. Mit keiner anderen Übung können Sie sich deutlicher vor Augen führen, was Sie zu leisten imstande sind und wie schnell Sie tatsächlich einen Schlägerkopf bewegen können. Versuchen Sie das, was Sie bei der Baseball-Übung zuwege bringen, auf Ihren Golfschwung zu übertragen. Wechseln Sie immer wieder die beiden Bewegungsabläufe miteinander ab. Achten Sie auf das zischende Geräusch, das vom Schlägerschaft ausgeht. Dieses Zischen sollten Sie bei beiden Übungen hören.

Was zuerst?

Jeder gute Vorschwung beginnt mit der sog. *Transition*. Mit diesem Begriff wird die Bewegung beschrieben, die sich zwischen dem Ende des Rückschwungs und dem Beginn des Vorschwungs ereignen muss. Die jetzt geforderte Bewegung ist ein bisschen tricky, aber sie genau ist es, welche die wirklich guten Spieler vom Durchschnitt trennt. *Mann* und *Dante* sagen von ihr, dass ohne sie ein Golfschwung niemals wirklich gut sein kann und dass sie an jedem Tourspieler auszumachen sei. Mit dieser Bewegung trennt sich die Spreu vom Weizen. Hier wird im wahrsten Sinne des Wortes das Fundament für Länge und Genauigkeit geschaffen (s. Literaturempfehlungen / Hogan-Video).

1 2

Abb. 53 *Transition*: Während der Oberkörper noch den Rückschwung beendet, beginnt der Unterkörper schon mit dem Vorschwung. Genauer gesagt sind es die Hüften, die sich deutlich in Richtung Ziel bewegt haben, wenn der Schläger das Ende des Rückschwungs anzeigt. *Close the gap* hat der vormalige US-Open-Gewinner *Ken Venturi* den Weg der Hüfte auf Höhe der Außenkante linker Fuß genannt.

Die zentrale Bewegung ist die **seitliche Verschiebung** des Beckens in Richtung Ziel. Ein *Lateral shift*, wie es in der Fachsprache heißt. **Ganz wichtig: Die Hüften drehen dabei so gut wie nicht – und ganz sicher nicht bewusst.** Die Hüften, sagt *Dante*, verschieben sich nach links, so weit sie können, und drehen sich erst dann, wenn sie sich lateral nicht mehr weiter bewegen können. *Faldo* bezeichnet die *Transition* als *Power move*. Sein Gewicht verlagere sich, sagt er, schon auf die linke Seite, noch bevor die Arme ihre Rückschwungbewegung zu Ende gebracht hätten. Der Sinn und auch der Vorteil dieser frühen Gewichtsverlagerung liegt darin, den Körper in eine kraftvolle Ausgangsstellung zu bringen. Vom Gefühl her ist es so, als suche man sich einen Stand, der kraftvolles Agieren erlaubt. Beim Üben dieser Initialzündung sollten Sie spüren, wie Sie Ihren Po ohne übertriebenen Bewegungsimpuls auf das Ziel hin schieben und **die rechte Hüfte dabei hinten bleibt**.
Es ist ein wenig so, als bewegten Sie die rechte Hüfte zunächst weiter zum linken Absatz, wobei Ihr Rücken zum Ziel gedreht bleibt. Widerstehen Sie jedem von den Füßen oder Beinen ausgehenden Drehimpuls der Hüften zum Ziel. Die Hüftdrehung erfolgt innerhalb der jetzt ablaufenden Kettenreaktion erst später. Wer sofort dreht, verbraucht das Kraftpotential der Beine zu früh.
Die linke Hüfte bewegt sich bis etwa auf Höhe Außenkante linker Fuß (*close the gap*). Richtig gemacht haben Sie dann alles, wenn sich das rechte Knie hinter dem linken befindet. Kein Geringerer als *Ben Hogan* hat auf die Bedeutung dieser Kniestellung zu Beginn des Vorschwungs immer wieder hingewiesen. Er sagt in seinen »Fundamentals«: »Beginnen Sie Ihren Vorschwung damit, Ihre Hüften zurück nach links zu drehen. Dabei muss es genügend seitliche Bewegung geben, um das Körpergewicht auf den linken Fuß zu verlagern. Die Wegstrecke der Hüften

im Vorschwung ist nicht identisch mit Ihrem Weg beim Ausholen. Im Vorschwung ist Ihr Bogen etwas weiter – sowohl was das seitliche Verschieben als auch die anschließende Rotation nach links betrifft.«

In seinen »Magic moves« sagt *Joe Dante* über die *Transition*: »So what are the right moves, the magic moves? They are, simply: (1) Move the hips *laterally* to the left while (2) keeping the head back and (3) making no effort whatever to move the club.«

Und schließlich *Homer Kelley* in »The golfing machine«: »Nur durch eine gewisse ›Hula-Hoop‹-Flexibilität ist es möglich, das Gewicht nach links zu verlagern, dabei die Schulterachse zu neigen und den Kopf nicht zu bewegen. Dadurch kann ein Rundschwung (um den Körper herum ist gemeint) zu Beginn des Vorschwungs vermieden werden.«

Fazit also: Vergewissern Sie sich, dass Sie Ihre Hüften zuerst seitlich verschieben, und vermeiden Sie unter allen Umständen, sofort bewusst zum Ziel zu drehen.

Abb. 54 Die beiden am häufigsten zu beobachtenden Fehler während dieser frühen Phase des Vorschwungs. Als Folge einer falsch verstandenen Gewichtsverlagerung ist es auf Bild 1 zu einer seitlichen Verschiebung des **gesamten** Körpers gekommen. Dieser *Sway* nach links ist oft zu beobachten. Durch den übertriebenen Einsatz der Hüften (2) ist die gesamte Körperkoordination verloren gegangen. Der Körper hat zu hektisch reagiert, die Arme sind zu passiv geblieben.

1

2

Kopf und Wirbelsäule

Zum Ausgleich dafür, dass sich die Masse des Rumpfes gegen das linke Bein schiebt, neigt sich die Wirbelsäule zwangsläufig etwas nach rechts, aber nur dann, wenn der Kopf der Hüftbewegung nach vorn **nicht** folgt. *Joe Dante* hat sich in seinen »Magic moves« überaus kritisch mit den Empfehlungen zur Kopfhaltung sowohl beim Golfunterricht als auch in der Literatur auseinandergesetzt. Folgendes sei immer wieder zu hören: »Keep your head down; keep your eye on the ball; keep your head fixed; don't lift your head; don't look up«, u.a. Einzig korrekt ist nach seiner Ansicht: **»Keep your head back«**, denn der Kopf hat, koste es was es wolle, **hinter dem Ball** zu bleiben, ganz gleich, ob er sich dabei bewegt oder nicht.

Die Kopfhaltung spielt einmal mehr eine ganz entscheidende Rolle. Wenn Sie während Ihrer seitlichen Hüftverschiebung den Kopf bewusst ruhig halten, so verhindert das ein »Mitgehen« des Oberkörpers mit den Hüften. Würde der Kopf mitgehen, so wäre dies das Ende der im Rückschwung so mühsam aufgebauten Körperspannung. Diese Spannung muss im Vorschwung so lange wie nur irgend möglich aufrechterhalten bleiben. Dies ist ein Hauptfaktor in der Erzielung von kraftvollen Golfschlägen und großen Schlägerkopfgeschwindigkeiten. Den Kopf dort zu belassen, wo er am Ende des Rückschwungs war, bedeutet, während des Vorschwungs stets **hinter dem Ball** zu bleiben – ein Imperativ guten Golfs. Wenn sich Ihr Kopf in dieser frühen Bewegungsphase mit nach vorn verschiebt, kommen Sie »über den Ball«, was für Ihr Spiel einfach tödlich ist.

Tatsächlich aber bewegt sich der Kopf schon ein wenig, allerdings nicht nach vorn zum Ziel, sondern etwas **nach rechts und nach unten**! Das macht Sinn und ist auch logisch. Während sich die Hüften seitlich zum Ziel bewegen und anschließend in ihre Drehbewegung übergehen, biegt sich der Körper wie ein Bogen zum Ziel. Wenn der Bogenschütze seinen Bogen spannt, wird dessen Höhe auch etwas kleiner.

Abb. 55 Durch die Orientierungspunkte können Sie sich von der Bewegung des Kopfes nach unten während der frühen Phase des Vorschwungs überzeugen.

1 2

Durch die seitliche Verschiebung der Hüften neigt sich die Wirbelsäule, haben wir gehört. Für die Skifahrer unter Ihnen gleicht das ein wenig dem Stehen auf dem Talski, wobei der Oberkörper sich ins Tal hinauslehnt und die Hüften zum Hang verschoben sind.

Mit dem Neigen der Wirbelsäule neigt sich anatomisch bedingt auch die Schulterachse. Die rechte Schulter geht herunter, die linke nach oben. Wiederum ein für Sie wichtiges Bewegungsmoment. **Während des Vorschwungs muss Ihr Körpergefühl sein, dass die rechte Schulter herunter und unten durch geht** und nicht in einer eher waagerechten Drehbewegung um den Körper herum.

Mit äußerst einfachen Übungen vermitteln wir Ihnen jetzt das Körpergefühl für all das bisher Beschriebene und auch schon, wie es im Bewegungsablauf weitergeht.

Alles Grundsätzliche eines guten Golfschwungs können Sie sich erarbeiten, wenn Sie sich mit den auf den Seiten 90/91 abgebildeten Übungen beschäftigen. Sie wissen und fühlen danach, wie es geht.

Bevor Sie den Ball in den nächsten Sekundenbruchteilen mit einer Schlägerkopfgeschwindigkeit von über 150 km/h treffen, was nach Ihrer gewissenhaften Beschäftigung mit unseren gezielten Anleitungen nur folgerichtig ist, müssen wir Ihnen die traurige Erkenntnis mitteilen: Leichter und einfacher lässt sich das Geschehen um den Golfschwung herum nicht vermitteln. Und Sie müssen sich schon die Mühe machen, in diesem Buch das Studium der Bilder nicht nur zu Ihrer Bettlektüre zu erwählen. Es ist vielmehr so, dass Sie sich – ähnlich wie es die Bodybuilder tun – vor einen Spiegel stellen müssen, um immer wieder den korrekten Ablauf der einzelnen Bewegungsphasen an sich kritisch zu überprüfen.

Der Golfschwung stellt nun einmal eine nicht einfache Bewegung dar, was sich jederzeit beweisen lässt, wenn Sie die vielen schlechten und uneleganten Schwünge der mit Ihnen befreundeten »Filigrantechniker« studieren. Die Ausrede, die von den sog. Hackern immer wieder vorgebracht wird, sie hätten ja gar nicht gewusst, wie ein richtiger Schwung geht, haben Sie ja nun leider nicht mehr. Sie haben sich durch die Lektüre dieses Buches eigentlich dazu verpflichtet, niemandes Auge mehr durch verquere Bewegungen zu beleidigen. Und die Autoren setzen im Weiteren alles daran, dass Sie in Zukunft geradezu überhäuft werden mit Komplimenten zu Ihrem Schwung.

Schauen Sie sich jetzt auf den Seiten 92/93 an, wie all das, was Sie bisher trocken einstudiert haben, mit dem Schläger in der Hand aussieht. Vollziehen auch Sie die einzelnen Positionen in der gleichen Weise nach.

Abb. 56 Stehen Sie aufrecht, aber mit gebeugten Knien, und drehen Sie sich, wie zu sehen, nach rechts. Der Kopf darf dabei ruhig mitdrehen. Am Ende der Drehung sollten Sie Ihr Körpergewicht vorrangig auf dem rechten Bein spüren.

1

2

Abb. 57 Bewegen Sie jetzt Ihre Arme auf die rechte Fußspitze zu. **Ohne** Hüft- und Schulterdrehung und ohne Gewichtsverlagerung nach links. Bleiben Sie einfach stehen und ziehen Sie die Arme herunter. Obwohl noch eine sehr unvollständige Bewegung, zeigt sie Ihnen immerhin zwei wichtige Dinge: Die Arme gehen an Ihrem Körper entlang nach unten, wie in einem guten Golfschwung auch, und Sie können förmlich »sehen«, wie Sie den Golfball von innen treffen.

1

2

1 2

Abb. 58 Gleiche Ausgangsstellung, aber Sie fixieren den Ball. Der gesamte Körper bleibt, wo er ist, lediglich die Hüften haben sich nach links verschoben (ohne sich zu drehen). Wenn Sie diese Hüftverschiebung mehrfach vor und zurück praktizieren und dabei ganz bewusst den Ball fixieren, spüren Sie, dass Sie von einer für den Schlag schwachen Ausgangsstellung in eine starke gleiten. Sozusagen als Balance-Ausgleich neigt sich Ihr Oberkörper nach rechts.

1 2

Abb. 59 Schwingen Sie bei der oben eingenommenen Ausgangstellung die Arme/Hände wiederum zur rechten Fußspitze herunter, »ecken« Sie mit dem rechten Ellenbogen an der rechten Hüfte an. Dieses »Andocken« ist geradezu ideal. Alle Körperspannung ist erhalten geblieben, Ihre Schwungebene kann besser nicht sein. Nach vorn gedreht haben Sie bisher kein bisschen. Kontrollieren Sie das. Das Drehen kommt nach diesem Andocken gleich umso kräftiger.

1

2

△

Abb. 60 Achim demonstriert die einzelnen Positionen zu Beginn des Vorschwungs. Alle Energie, die Ihr Körper während des Rückschwungs aufgebaut hat, haben Sie jetzt ohne jeden Verlust bei Ihrem Weg zum Ball bis auf Hüfthöhe heruntertransportiert. Achten Sie bewusst darauf, wie wenig Schultern und Hüften nach vorn gedreht haben.

3

4

Abb. 61 An *Greg Norman*, einem der besten Stilisten im Golf unserer Tage, zudem einer der Spieler mit den längsten Schlägen überhaupt, können Sie überprüfen, inwieweit Sie unseren bisherigen Anleitungen Glauben schenken dürfen. (Spalding Werksfoto)
▽

Rechte und linke Seite

Zurück zum »Andocken« des rechten Ellenbogens an die rechte Hüfte – jene Bewegung übrigens, die in vielen Lehrbüchern als »das Ziehen am Glockenseil« oder auch als »das Läuten der Glocken« beschrieben ist, eben weil sie so deutlich nach unten gerichtet ist. Jetzt genau ist der Zeitpunkt gekommen, die Drehbewegung der Hüften in Gang zu setzen. Drehen Sie so schnell und kräftig wie Sie können. Je schneller Sie sich als das Zentrum der Kraft drehen, desto größer ist das Drehmoment, das Sie auf den Schlägerkopf übertragen. Verinnerlichen Sie die auf den folgenden Seiten abgebildeten Schwungfotos und kopieren Sie die Bewegungen, deren Verständnis über das Textstudium nicht schwer fallen sollte.
Die in den nachfolgenden Bildserien gezeigten Drills mögen Ihnen in manchen Positionen unorthodox erscheinen. Sie schulen aber in hohem Maße Ihr Körpergefühl für den orthodoxen Schwung.

1 2 3

Abb. 62 Mit angedocktem rechten Ellenbogen drehen Sie die Hüfte gegen den Uhrzeigersinn. Am Ende der Drehung zeigt der rechte Unterarm in etwa auf das Ziel. Den linken Arm ziehen Sie vorläufig aus dem Verkehr. Achten Sie bei der Ausgangsstellung darauf, dass Ihre Knie gebeugt sind und Ihr Gewicht sich schon spürbar nach links verlagert hat. Bei der Drehung selbst geht Ihre rechte Schulter bewusst herunter und unten durch, niemals außen herum.
Und jetzt zum eigentlichen Effekt: Wenn Sie das »angedockte« Drehen durch mehrmaliges Üben »inkorporiert«, also vollständig verinnerlicht haben, steigern Sie die Drehzahl. Sie sollten sich selbst spüren lassen, dass Sie so schnell drehen können, dass Ihnen das Blut in die rechte Hand schießt. Es gibt keine eindrucksvollere Vorstellung von einem Drehimpuls. Immer angedockt bleiben und die Körperachse mit dem Kopf stabilisieren! Dadurch, dass die linke Hüfte blitzschnell wegdreht – sich, wie man schulmäßig sagt, »aus dem Weg dreht« –, kann die rechte Körperseite alle Kraft freisetzen.

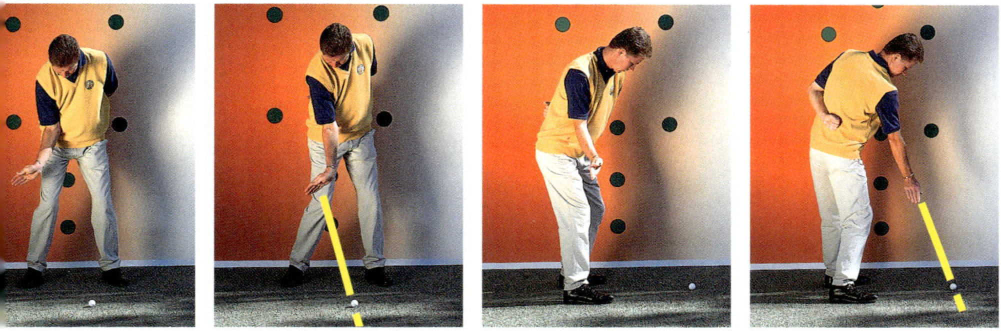

1 2 3 4

Abb. 63 Das ist die Bewegung des rechten Armes, wenn es ans Ball-Treffen (*Impact*) geht. Drehen Sie in der bereits gewohnten »angedockten« Weise, fixieren Sie genau den Ball und stoßen Sie den rechten Arm sozusagen »in den Ball«. Damit geht ein betontes, fast möchte man sagen blitzartiges Strecken des rechten Ellenbogens einher, gerade so, wie es bei Karate-Schlägen erfolgt. Der rechte Arm stellt im Golfschwung eine Kraftquelle erster Güte dar. In »The golfing machine« ist er der Kraftlieferant Nr. 1 (*Muscle power*). Stellen Sie sich beim Strecken des rechten Arms bewusst vor, wie Sie den Ball von hinten attackieren und wie Sie alle Kraft Ihres rechten Armes in ihn hineinpumpen. Dabei wird Ihnen deutlich werden, dass die Richtung, welche diese Kraft (Vektor) nimmt, durch den Ball hindurch schräg nach unten in den Boden zielt.
Geradezu paradox mutet das fürs Erste an, weil man eigentlich davon ausgehen sollte, dass die Kraft nach vorn aufs Ziel gerichtet sein müsste. Dass die Spitzenspieler dieser Gesetzmäßigkeit Rechnung tragen, davon zeugen ihre Divots. Es gibt praktisch keine Annäherungsschläge, bei denen nicht – deutlich zu erkennen – Divots fliegen. Der viel bewunderte Backspin auf den Grüns entsteht nicht zuletzt durch diese nach unten gerichtete Attacke auf den Ball. Dass nur wenige Amateurspieler Backspin gewollt erzeugen können, macht deutlich, dass diese »gerichtete« Bewegung durch den Ball nicht einfach zu vollziehen ist.
Gewöhnen Sie sich schon jetzt an, beim Strecken des rechten Armes mit einem zum rechten Unterarm »gehingten« Handrücken zu agieren. Sie kennen diese Position von der »Tablett-Stellung« am Ende des Rückschwungs. Jetzt verstehen Sie sicherlich auch, weshalb die rechte Schulter immer herunter geht. Je weiter sie sich beim Vorschwung dem Ball nähern kann, desto kräftiger können Sie Ihren rechten Arm durch den Ball strecken. Erst im allerletzten Moment kann dann das gesamte Streckpotential eingesetzt werden, was die Kraftentfaltung maximiert.
Beim Üben dieser an sich einfachen Bewegung haben Sie Ihr Ziel erreicht, wenn Sie in sich die harmonische Koordination von Hüftdrehung und Strecken des rechten Arms durch den Ball spüren, wenn Sie das Gefühl freier Kraftentfaltung »in den Ball« haben und wenn Sie sagen können, dass die Kraft durch den Ball auf den Boden gerichtet ist. Denken Sie daran, Ihre Beinstellung zu kontrollieren!

1

2

Abb. 64 Was macht der linke Arm? Zuerst einmal bleibt er gestreckt – den ganzen langen Weg von der Ansprechhaltung bis fast zum Ende des gesamten Schwungs. Wir beginnen unsere Betrachtung des linken Arms in jener Position, in der der rechte Ellenbogen »angedockt« hat. Der rechte Arm wird am Rücken verschränkt. Der linke, jetzt allein gelassen, bleibt in dieser Position und wird durch das Drehen der Hüften nach vorn bewegt. Linker Arm und Hüfte drehen gleichermaßen synchron wie der rechte.

Dadurch, dass die rechte Schulter beim Drehen herunter geht, der Körper den bereits angesprochenen Bogen nach vorn macht, können Sie deutlich fühlen, wie sich Ihr linker Oberarm an die linke Brust angeflanscht hat und von dieser fast gehalten wird. Wenn Sie jetzt Ihre Hüften schnell drehen, fliegt der linke Arm genau von diesem Druckpunkt weg, und Sie können fühlen, dass es diese Körper/Arm-Verbindung ist, die Kraft für das Davonfliegen des Armes freisetzt. Dieser Druckpunkt ist nach »The golfing machine« der Kraftlieferant Nr. 4 (*Radius power*). Und tatsächlich kann nun der linke Arm mit dem Schläger Erstaunliches leisten. So schlägt *Johnny Miller*, legendärer Tourspieler um 1970 heute noch sein Eisen 5 einarmig ohne weiteres 150 m weit.

Das geht aber nur, wenn der linke Arm, wie zu sehen, vom Körper unterstützt wird. Um sich von dieser Körperunterstützung zu überzeugen, sollten Sie einfach den linken Arm nach vorn ziehen, ohne dabei zu drehen. Saft- und kraftlos, oder? Im Treffmoment würde ein vom Körper nicht unterstützter, vorzeitig separierter Arm natürlich wesentlich mehr durch die Kollision des Hebelarms mit dem Ball heruntergebremst werden, als wenn der Körper mit seiner Masse dahintersteht. Das leuchtet doch ein. Außerdem geht jeder Schwungrhythmus verloren, wenn die Synchronität zwischen Armen und Körper aufgegeben wird. Drehen und davonfliegen lassen, drehen und davonfliegen lassen … Schauen Sie auf den linken Daumen. Wir kommen auf ihn zurück.

3

4

Die Hände

Bevor Sie zweihändig weitermachen, müssen wir Ihnen erklären, was die Hände tun. Erst durch ihren Beitrag wird die Vorschwungbewegung komplett. Einmal mehr, werden Sie jetzt möglicherweise verbittert reagieren, weil Ihnen das alles viel zu viel wird, nach der Devise: »Das hältst du doch im Kopf nicht aus.« Recht haben Sie, vor allem dann, wenn dieses Buch zur Bettlektüre geworden ist, und wenn Sie von den Autoren quasi fordern, dass sich Ihnen der Golfschwung zur Gänze nur schon beim Durchlesen erschließt. Für eine Minute sollten Sie sich für folgende Betrachtungsweise offen zeigen. Sie interessieren sich offensichtlich sehr für Golf (sonst hätten Sie dieses Buch nicht gekauft und auch nicht bis zu dieser Stelle gelesen), üben regelmäßig auf der Driving Range, versuchen sich an allen möglichen Details, kommen aber bei strenger Betrachtung nicht weiter. Was spricht dagegen, Ihr Training auf der Range jedesmal einer Sequenz aus unseren Anleitungen zu widmen? Das heißt sich in methodisch sinnvoller Weise einen Bewegungsablauf herauszusuchen, um an ihm zu arbeiten. Warum nicht zusammen mit Ihrem Golflehrer oder Ihren Freunden? Dann fühlen Sie sich zu keiner Zeit von zu viel Lernstoff und Anatomieproblemen überfrachtet (vgl. S. 105). Eins aber stellt sich mit Sicherheit sehr schnell heraus: Das methodisch richtige Üben bringt Sie deutlich sichtbar voran und wird von Ihren Golffreunden mit neidvollen Blicken quittiert. Ihr Schwung wird besser, Ihre Längen nehmen zu und die Präzision gewinnt ein Ausmaß, das nur staunen lässt. Investieren Sie ruhig ein paar Monate. Die Zeit golferischen Herumirrens soll-

1 2 3

Abb. 65 Was diese frühe Phase des Vorschwungs anlangt, so kommen alle Kriterien zum Tragen, mit denen Sie sich schon beim Studieren der Abb. 62 + 63 beschäftigt haben. Wenn Sie jetzt mit einem Schläger in der Hand kopieren, was Sie hier sehen, stellt sich folgendes Gefühl ein: Das »Tablett rechte Hand« fährt quasi wie im Fahrstuhl nach unten bis hin zum »Andocken«. Schlägerschaft und -kopf werden von der »gehingten« rechten Hand zurückgehalten. Und genau diese Schlägerstellung ist es, die Sie fühlen lässt, dass Sie den Ball mit Ihrem Schläger »von weit hinter sich aus« attackieren, um Ihren Körper herum von hinten zuschlagen können und maximale Schlägerkopfgeschwindigkeit erzeugen, eben weil Sie den Schläger mit der rechten Hand bewusst nicht freigeben.
Nick Faldo, der sich in Wort und Bild mit dieser sog. *Late hit*-Position wie kaum ein anderer beschäftigt, betont immer wieder, dass es die rechte Hand ist, welche für Länge in den Schlägen sorgt, **eben weil sie den Schlägerkopf so lange Zeit zurückhält**. Und er sagt auch, dass *late hitting* nichts mit Timing oder Verzögerungen im Schwungablauf zu tun habe, man solle dabei ausschließlich daran denken, den Schlägerkopf so lange wie möglich **hinter** sich zu lassen. In der Fachliteratur spricht man vom *Power hinge*.

te in jedem Fall vorbei sein. Doch zurück zu den Händen. Ausgehen können wir ja bereits davon, dass das »Cocken« der linken und das »Hingen« der rechten Hand einen Ihnen bewussten Stellenwert in Ihrem Rückschwung haben (vgl. »Tablett-Stellung« S. 73). Um Ihnen eine genaue Vorstellung davon zu geben, was die Hände während des Vorschwungs tun und welche Aufgabe sie dabei übernehmen, kehren wir zu der, wie wir hoffen, bewährten Einzelbetrachtung zurück (Abb. 65).

4 5

Abb. 66 »*Greg Norman's* secret« stellt eine sehr nützliche Schwunghilfe dar, um sich bewusst zu werden, was die rechte Hand tut und wie sich die *Hinge*-Position anfühlt. Die Plastikmanschette unterstützt Sie gleichermaßen hilfreich beim Putten, Chippen und Pitchen. Achten Sie genau auf die rechte Hand. **Bis ins Finish bleibt die rechte Hand in der *Hinge*-Position**. *Norman* sagt zwar, dass sich das Ganze anfangs etwas unbequem anfühle, das rühre aber daher, dass die korrekte Handposition eben für viele sehr ungewohnt sei. Er rät, nur jeweils zehn Schläge mit Manschette zu machen und dann zehn ohne, und das immer abwechselnd. Auf diese Weise würde sich das richtige Gefühl *(Muscle memory)* am schnellsten einstellen. Vom Wedge bis zum Driver – mit jedem Schläger sollten Sie es versuchen. In guten Pro-Shops erhältlich.

1 2 3 4

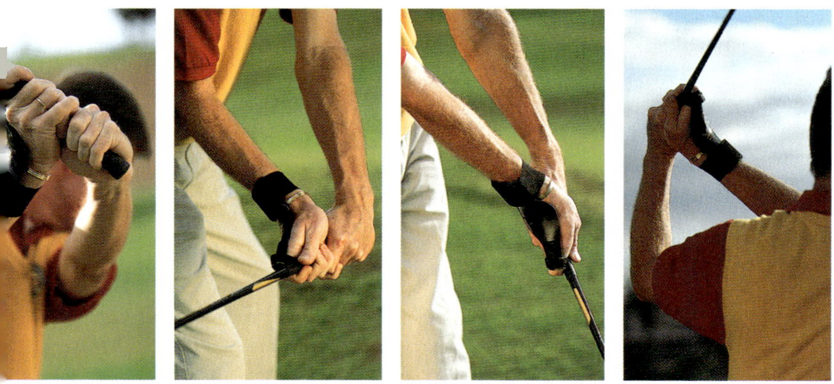

1

2

3

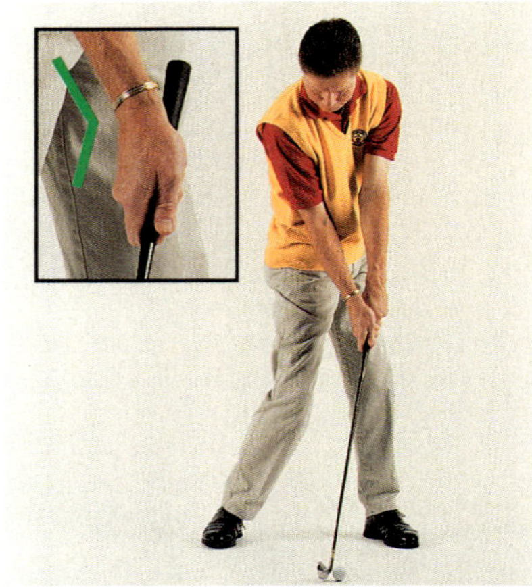

4

Abb. 67 Das Treffen des Balls ist aus Sicht der rechten Hand dadurch charakterisiert, dass sie nach unten auf den Ball zeigt, wobei sie aber immer noch in der *Hinge*-Position verbleibt. Diese Handbewegung wird auch als das *Covern* (Abdecken) des Balls bezeichnet. Was dabei auffällt und was manchem als geradezu widersinnig erscheinen mag: Die rechte Hand entwinkelt zu keiner Zeit; es ist der rechte Arm, sprich Ellenbogen, der sich streckt.
Auf den Fotos können Sie das «Rollen« der rechten Hand über die linke sehen, eine Bewegung, auf die gleich näher eingegangen wird. Dieses »Rollen« der rechten Hand, welches kurz vor dem Treffen des Balls beginnt, ist in »The golfing machine« als der Kraftlieferant Nr. 3 *(Transfer power)* definiert. Zur Frage, ob das Ganze bewusst oder unbewusst abläuft, vgl. S. 102 f.

1 2 3 4

Abb. 68 Im Vorschwung drehen nach dem »Andocken« des rechten Ellenbogens die Hüfte und die Arme gemeinsam nach vorn. Das sich anschließende Strecken des rechten Arms und der Handgelenke bezeichnet man in der Fachsprache als den *Release*. Mit dem Beginn des *Release* streckt sich das linke Handgelenk, was an der Stellung des Daumens deutlich sichtbar wird, und rollt dann im sog. *Follow through* in eine Stellung, die sich anfühlt, als wollten Sie Autostopp mit links betreiben. Dieses Rollen muss schon kurz vor dem Treffmoment beginnen, weil sonst der Handrücken nicht mehr *square* zum Ziel weisen würde. In der Treffzone befinden sich das Handgelenk und der Handrücken in schon fast ein wenig konvexer Form. Die Handgelenksknochen treten deutlich hervor und weisen aufs Ziel. Das Strecken des linken Handgelenks ist der Kraftlieferant Nr. 2 *(Velocity power)*.

Die Hände berühmter Spieler

Nichts wird in der Golfliteratur kontroverser diskutiert als der Einsatz der Hände im Treffmoment. Eine ganze Reihe von Empfehlungen sind da nachzulesen. Grundsätzlich besteht Uneinigkeit darüber, ob die Hände beim *Release* passiv bleiben, ja passiv bleiben müssen, weil alles so schnell geht, dass ein bewusster Handgelenkeinsatz gar nicht mehr möglich ist. Der bereits erwähnte *Ralph Mann* ist ein Vertreter dieser Ansicht. Er gründet wie gesagt auf die Untersuchungen von über 50 amerikanischen Tourspielern. Auch *Jack Nicklaus* und *John Jacobs* sind Vertreter »passiv-automatischer« Hände. Befürworter aktiven Handgelenkseinsatzes sind keine Geringeren als *Ben Hogan*, *Greg Norman* und *Seve Ballesteros*. Für sie sind die Hände maßgeblich an der Erzeugung von Schlägerkopfgeschwindigkeit beteiligt. Nur mit ihrer Unterstützung sei es überhaupt möglich, durch den Ball »hindurch zu peitschen«. *Joe Dante* sagt uns, dass in jedem guten Schwung natürlich dieser Peitscheneffekt auszumachen sei, dass dieser aber nicht auf der bewussten Anstrengung des Spielers gründe, sondern sich zwangsläufig als das Ergebnis physikalisch-anatomischer Gesetzmäßigkeiten ergebe. Damit aber nicht genug. Es wird zudem in der Literatur die Meinung vertreten, dass nur die rechte Hand aktiv werden soll, oder auch nur die linke. Letztere vor allem deshalb, damit die Genauigkeit der Schläge nicht zu kurz käme, denn linker Arm und linke Hand sind es, welche die Flugrichtung des Balls maßgeblich bestimmen. Schwunganalytiker geben darüber hinaus zu bedenken, dass ein bewusster Handgelenkseinsatz, sofern es ihn tatsächlich geben kann, zwar für den Distanzgewinn wünschenswert sei, dies aber zu einer einseitigen Betrachtungsweise führe. Denn große Schlägerkopfgeschwindigkeiten dürfe es nur geben, wenn dadurch nicht der korrekte Bewegungsablauf (Timing) gefährdet würde und bei der Zielgenauigkeit keine Abstriche zu machen seien.

Sicherlich sind Sie schon mit der Empfehlung konfrontiert worden, die Hände »laufen zu lassen«. Diese wenig präzise Anweisung zielt auf den *Release*, wo die Winkelstellung aufgelöst wird. Man soll jetzt den Händen einfach freien Lauf lassen. Erfolgreiches Rollen der Hände »durch den Schlag« (*through the shot*) können Sie an sich selber feststellen, wenn es für Sie möglich wäre, im Finish über Ihre linke Schulter hinweg mit der rechten Hand ein Glas Wasser auszugießen. Versuchen Sie, ein paar Schläge ausschließlich unter diesen Schwunggedanken zu stellen, und überprüfen Sie, ob Sie dabei eine verbesserte Rollaktion der Hände an sich feststellen können.

Vielfach wird der Arbeit der Hände im Schwung mit Hilfe der Unterarme Ausdruck gegeben. Eine Eselsbrücke für das aktive Freigeben der Hände bzw. des Schlägers kurz vor dem Treffmoment, so jedenfalls sagt uns *Tom Watson*, sollte der Versuch sein, den rechten Unterarm auf den linken zu rollen. Wahrscheinlich werden sich die Unterarme nicht berühren, aber dieser Schwunggedanke allein kann Ihnen helfen, das richtige Überrollen der Hände in den Griff zu bekommen. *Leadbetter* betont die große Abhängigkeit der Flugkurve eines Balls von der Drehung des linken Unterarms. Wer einen *Draw*, einen Ball mit *Spin* von rechts nach links schlagen will, der sollte seinen linken Unterarm sehr aktiv »durch den Schlag« drehen (in der beschriebenen Autostopp-Manier). Auf diese Weise schließt sich (ist nicht geschlossen) das Schlägerblatt während der Ballberührung. Wer einen *Fade*, einen Ball mit *Spin* von links nach rechts schlagen will, sollte sich mit der Unterarmdrehung bewusst zurückhalten. Während der Ballberührung öffnet sich dann das Schlägerblatt (ist nicht offen).

Wir können Sie jetzt nur mit der interessanten Aufgabe allein lassen, an sich selbst festzustellen, welche Rolle die Hände in Ihrem Golfschwung spielen. Können Sie tatsächlich spüren, dass sich im *Release* Ihr linkes Handgelenk streckt, sind Sie vielleicht sogar in der Lage, dieses Entwinkeln (*uncocking*) zu steuern, sprich es willentlich zu beschleunigen? »Kann ich alles nicht«, wird da wohl mancher zugeben müssen, »aber wozu sollte ich das auch? Ich halte meine Winkel, so lange es geht, und mit dem, was dann an Länge und Präzision herauskommt, kann ich hoch zufrieden sein. Die Hände machen offensichtlich ihre Arbeit, was soll ich da weiter beeinflussen wollen?« In Sachen Hände folgender Tipp: Stellen Sie Ihren Schwung einmal völlig unter das Diktat des linken Armes und der linken Hand. Fassen Sie den Schläger schon beim Ansprechen fest nur mit der linken Hand an. Die rechte bleibt betont locker. Schwingen Sie nur unter Führung des linken Armes zurück, und lassen Sie auch im Vorschwung immer den linken Arm dominieren. Konzentrieren Sie sich dann lediglich auf das Entwinkeln der linken Hand nach unten und das sich anschließende Rollen der linken Hand und des linken Unterarms à la Autostopp. Mehrere sehr beglückende Dinge werden sich nach einigem Üben ereignen: der Ball »drawt«, d. h. er fliegt mit dem für viele Schläge gewünschten *Draw-spin* von rechts nach links; Ihre gesamte Schwungbewegung ist flüssig und elegant; fast mühelos gehen Sie durch den Ball; Sie treffen ihn sauber, und plötzlich spüren Sie auch, wie überraschenderweise die rechte Hand im letzten Moment Kraft beisteuert, ohne dass Sie das bewusst gewollt haben. Auch ein müheloses, elegantes Finish können Sie nicht verhindern. Probieren Sie es aus, Sie werden uns Recht geben.

Interessant ist in diesem Zusammenhang auch noch Folgendes: In der Art, einen Golfschläger zu bewegen, unterscheidet man in der Literatur häufig zwischen sog. »Swingern« und »Hittern«. Ein wesentliches Kriterium für die *Swinger* ist, dass sie auf eine zusätzliche und bewusste Handgelenksaktion weitgehend verzichten und sich ganz und gar auf das entstehende Drehmoment verlassen, während die *Hitter* ganz gezielt versuchen, mit den Händen Dampf zu machen.

Zeitlupentraining

Fürs Erste haben wir Sie jetzt zur Genüge mit Einzelbildern und aus der Gesamtbewegung herausgelösten Sequenzen traktiert. Jetzt ist es an Ihnen, praktisch zu üben: vor dem Spiegel, mit Ihrem Lehrer, mit Hilfe der Videokamera oder wie auch immer. Überprüfen Sie immer wieder, ob Sie die Einzelbewegungen tatsächlich richtig ausführen. Gehen Sie schrittweise voran, indem Sie nur **eine** neue Sequenz der vorhergehenden folgen lassen.
Harvey Penick, der legendäre Golflehrer, empfiehlt, zu Beginn des Lernprozesses alles in Zeitlupe zu machen. Jede einzelne Bewegung. Wieder und immer wieder. Wie weit kann ich meine Schultern drehen? Was macht der linke Arm im Vorschwung, der rechte Ellenbogen beim Andocken? Wie und wann drehen sich die Hüften? Machen Sie jede einzelne Bewegung – sagen wir – viermal, bevor Sie zur nächsten übergehen. Werden Sie nie ungeduldig und geben Sie kein Gas. Langsam, sehr langsam ist der Schlüssel zum Erfolg.
»Das bringt doch alles gar nichts«, werden Sie vielleicht einwenden, »das ist doch alles viel zu praxisfern, wenn ich nur ›trocken‹ übe und keine Bälle schlage!« Was tatsächlich passiert ist Folgendes: Sie trainieren Ihr Golfgedächtnis, Sie zeigen Ihren (Golf-)Muskeln, wie es geht und zwar so lange, bis Sie die Bewegungen so intus haben, dass Sie sie beherrschen. *Penick* ist überzeugt davon, dass solches Trockenüben sogar produktiver sein kann als fortwährendes Bälle-Schlagen, weil sich beim Zeitlupentraining weniger Fehler einschleichen. Sie müssen nicht unbedingt auf den Golfplatz, um Ihr Spiel voranzubringen. Sie können zu Hause üben, Sie können im Winter an sich arbeiten, im Büro und am Strand, wo immer und wann immer Sie Lust dazu haben. Lassen Sie sich allerdings nicht allzu oft dabei beobachten. Wer Ihr Tun nicht versteht, kommt leicht zu falschen Schlüssen bezüglich Ihres Geisteszustands.
Im höchsten Maße effizient trainieren können Sie, ob Sie es glauben oder nicht, wenn Sie auf einer Bank im Park sitzen, mit dem Auto unterwegs sind oder faul am Strand liegen. Wenn Sie nur wirklich wollen, gelingt es Ihnen sehr wohl auch ohne Golfschläger in der Hand, eine exakte Vorstellung von Ihrem Schwung vor Ihr geistiges Auge zu bekommen; ja, es gelingt sogar noch mehr: Sie können körperlich förmlich spüren,

was Sie während der einzelnen Schwungsegmente machen oder machen wollen. Ihre Konzentrationsfähigkeit und Ihr Erinnerungsvermögen müssen nur ausreichen, die gewünschten Bewegungsabläufe in sich zum Leben zu erwecken. Das hat entscheidende Vorteile: Ihre Vorstellungskraft – auf diese Weise zum golftechnischen Leben erweckt – verlässt Sie nicht so leicht, wenn Sie unter Druck agieren müssen. Ihre konzeptionelle Vorbereitung auf jeden Schlag fällt Ihnen durch dieses Training leichter als anderen. Ganz wesentlich aber: Sie schützen sich durch diese geistige Betätigung vor dem Vergessen. Leider vergisst jeder von uns über die Gebühr schnell so vieles von dem, was er sich gerade unter großem Aufwand angeeignet hat. Mit dem Nachteil, den Lernprozess dann immer wieder quasi von vorn anfangen zu müssen. Solchen Rückschlägen begegnen Sie jetzt ganz gezielt.

Aber irgendwann hört sich die Trockenarbeit ja auch einmal auf. Schließlich wollen wir uns die Früchte unserer Anstrengungen vor Augen halten können. Abgesehen natürlich von den viel besseren Schlägen während Ihrer Runden auf dem Platz, die ja niemandem verborgen bleiben können: Wie trainieren Sie eigentlich auf der Driving Range? Trainieren meinen wir, nicht einfach nur Bälle schlagen. Jeder von uns sieht sich da ja dem Problem gegenüber, dass aus dem gesamten Schwung nicht irgendwelche Einzelbewegungen zwecks Intensivstudium herausgeholt werden können. Niemand kann nur mit einer Hüftdrehung Bälle schlagen, wie auch ein Saltoabgang vom Reck nicht in Einzelteile zerlegt erfolgen kann. Vom Ansprechen des Balls bis ins Finish – jedes Mal müssen Sie den gesamten Schwung exerzieren, und vielleicht haben Sie bereits ernste Zweifel am Sinn Ihres Trainings, weil Sie sich fragen, wie Sie zum Beispiel das mit der Hüfte auf die Reihe kriegen sollen, wenn so viele andere Dinge nicht stimmen. Trösten kann Sie vielleicht, dass es jedem so geht und dass sich deshalb wirkliche Fortschritte nur zögerlich einstellen.

Versuchen Sie es einmal anders. Sie beginnen damit, dass Sie sich ein Ziel aussuchen, sich den obligatorischen »Ziel«-Schläger vor die Füße legen, und auf diese Weise schon einmal wissen, wie es um Ihre Richtungspräzision bestellt ist. Niemals ohne konkrete Zielansprache üben!

Nachdem Sie Ihre Muskeln durch Gymnastik auf Betriebstemperatur gebracht haben, tritt Ihr **vorher** festgelegter Trainingsplan in Aktion. Fünf Bälle in betont fließender Bewegung, wobei Ihre Konzentration ausschließlich auf harmonisch, langsam und auf einen Schwung von A bis Z gerichtet ist. Dann richten Sie für fünf Bälle alles Augenmerk auf den Kopf, dann für weitere fünf auf das Aufdrehen der Schultern usw. Allen Checkpoints bis hin zum Strecken des linken Daumens widmen Sie nacheinander gezielte Aufmerksamkeit; Sie brauchen dies beileibe nicht nur mit Ihrem

Eisen 7 zu tun, sondern alle Schläger kommen zum Einsatz. Auch das korrekte Zielen und Ansprechen können Sie in dieses Programm einbauen. Bei solchermaßen methodischem Üben können spürbare Verbesserungen gar nicht ausbleiben.

Vorschwung geteilt durch zwei

Um Ihr Gefühl dafür zu schulen, was bei einem technisch nicht zu beanstandenden Vorschwung passiert, gliedern wir das Geschehen in zwei Übungseinheiten, die unserer Ansicht nach wie keine anderen geeignet sind, das Grundsätzliche eines Vorschwungs nicht nur wissensmäßig »rüberzubringen«, sondern auch die Bewegungen selbst in Ihnen gefühlsmäßig zu verankern. Für beide Übungen können Sie vom Wedge bis zum Eisen 7 jeden Schläger verwenden. Die Übung in Abb. 69 lässt Sie fühlen, dass die Bewegung, die unmittelbar auf die *Transition* folgt, eine fast ausschließliche Armaktivität ist und, was weiter ganz wichtig ist, dass sie **gerade nach unten** führt.

Abb. 69 Bei der Pump-Übung mit dem Wedge geht es darum, aus der Stellung des schon beginnenden Vorschwungs (*Transition*, vgl. S. 85 f.) das »Tablett« herunterzuziehen und anzudocken. Dann geht das »Tablett« wieder hoch in die Ausgangsstellung, um sich von dort aus erneut nach unten zu bewegen. Dieses Rauf und Runter, diese Pumpbewegung wird 3-4mal langsam und bewusst ausgeführt, und erst dann schlagen Sie den Ball. Bei der Abwärtsbewegung zielen Sie mit Ihren Händen bewusst auf Ihre rechte Schuhspitze.

1

2

3

Während Sie sich mit dieser Bewegung beschäftigen, etwa indem Sie einen Kübel Bälle auf diese Pump-Übung verwenden, müssen Sie sich Folgendes bewusst machen, sprich **gedanklich erfassen und körperlich spüren:**

1 Unter der Führung des gestreckten linken Armes geht das »Tablett« herunter. Die Stellung der Hände bleibt dabei unverändert.

2 Der Abstand der Hände zur rechten Schulter vergrößert sich während der Abwärtsbewegung dramatisch, d. h. der rechte Arm beginnt sich, wenn auch noch nicht betont, zu strecken. Vor allem *Nick Faldo* weist auf diese Abstandsveränderung hin, weil man sie deutlich spüren könne und so wisse, auf einem guten Weg zu sein.

3 Die Pumpbewegung sollen Sie deshalb machen, damit sich Ihrem Körper der Weg des »Tabletts« von oben nach unten einprägt (*Muscle memory*). Diese Bewegung ist nicht nur nicht ganz einfach, sondern sie fühlt sich auch ungewöhnlich an, vor allem deshalb, weil die rechte Schulter zurückgedreht bleibt und die Bewegung damit kein bisschen nach vorn aufs Ziel gerichtet ist. Nicht böse werden! Wir sagen es nochmals, eben weil es so wichtig ist. Rauf – runter – rauf – runter – der rechte Ellenbogen muss die rechte Hüfte zielsicher erreichen, wobei das »Tablett« intakt zu bleiben hat.

4 Keine Hüft- oder Schulterdrehung, nur die Arme gehen runter. Sie haben dabei den Eindruck, dass auch die rechte Schulter runter-, analog dazu die linke hochgeht.

4

5

5 Schlägerschaft und -kopf bleiben in der Position, die wir uns beim »Hingen« der rechten Hand (vgl. S. 72 f.) erarbeitet haben.

6 Wenn Sie endlich sozusagen mit Anlauf zuschlagen, sollte auch dieses bei eher passiver Körperhaltung geschehen – kein übertriebenes und hektisches Drehen nach vorn. Zwei wiederum wichtige Dinge werden sich Ihnen erschließen. Der Schläger schnappt Ihnen quasi aus den Händen, weil Sie die »Tablett-Position«, sprich die Winkel der Hände nicht mehr halten können. Und was einem zu Beginn der Übung geradezu als Wunder erscheint, der Schlägerkopf findet den Ball, trifft ihn gut, und die erzielten Längen sind beachtlich. Natürlich immer nur dann, wenn die *Basics* stimmen, vor allem Griff und Ansprechhaltung. Man spricht in diesem Zusammenhang von *educated hands*. Die Hände sind so wohlerzogen, dass sie den Ball von alleine finden. Weil das von jetzt an in Ihrem Schwung immer so sein wird, können Sie sich getrost von der Vorstellung frei machen, dass Sie alle Konzentration darauf verwenden müssten, das Schlägerblatt an den Ball zu bringen. Wenn Sie unter dem Schwunggedanken agieren, mit dem Schlägerkopf zum Ziel schwingen zu müssen, laufen Sie Gefahr, zu früh die Handwinkel aufzugeben, die mühsam aufgebaute Energie verpufft vorzeitig. Denken Sie lieber: »Runter mit dem Tablett.« Die Hände finden den Ball von selbst. Und noch etwas können Sie förmlich spüren: Sie bleiben hinter dem Ball. Eben weil Sie mehr oder weniger die ganze Zeit stehen geblieben sind, hat sich Ihr Körper zu jeder Zeit hinter dem Ball befunden, auch im Treffmoment natürlich. Was Sie allerdings auch feststellen werden, ist, dass Sie mit Ihrem Gewicht auf der rechten Seite »kleben« geblieben sind. Dazu gleich mehr.

7 Das Ganze klappt auch deshalb so vorzüglich, weil der linke Arm die gesamte Bewegung kontrolliert hat. Nur unter seiner »Oberherrschaft« ist das »Gerade runter« des »Tabletts« überhaupt möglich. Nur so kann die »Tablett-Stellung« der Hände entsprechend lang gehalten werden. Instinktiv will ja jeder von uns in dieser Situation mit der rechten Seite aktiv werden. Das aber würde jede Treff-Geometrie zerstören. Man wirft sich dann buchstäblich selbst aus der korrekten Schwungebene. Die Kunst guten Golfs besteht in diesem Augenblick in weiser Zurückhaltung der rechten Seite und kluger Führung durch die linke. Ihr Schwungtempo – auch das können Sie als wichtige Erkenntnis in sich speichern – wird vom linken Arm bestimmt. Wenn Sie keine Fehler machen wollen, muss der linke Arm die Führungsrolle zumindest bis ins *Follow through* übernehmen. Sie sollen nicht schneller schwingen, als Sie Ihren linken Arm mit dem Schläger in der Hand nach vorn schwingen können. Überprüfen Sie das an sich selbst. Nehmen Sie in der »Tablett-Stellung« die rechte Hand vom Schläger und agieren Sie nur mit der linken. So wie Sie jetzt einhändig schwingen, haben Sie Ihr ganz persönliches Schwungtempo gefunden.

8 Das Allerwichtigste aber zum Schluss: Mit dieser Übung legen Sie die korrekte Schwungebene fest. Dadurch, dass Sie das »Tablett« herunterziehen, kommen Sie mit Ihrem Schläger genau in jene »Umlaufbahn«, die das ideale Treffen ermöglicht und die den Drehimpuls am wirkungsvollsten überträgt. *Ballesteros* bezeichnet diese Bewegung als ein *Falling into the hitting slot* (vgl. S. 15). Er betont, dass er das »Tablett« nicht herunterzieht, sondern fallen lässt – ohne aktiven Armzug also –, vielleicht mit ein Grund für seinen eleganten Schwung. Um es zu wiederholen: Sie schaffen mit dem Herunterziehen des »Tabletts« die wohl wichtigste Voraussetzung für die gewünschte Schwungebene von innen nach außen. Und so penibel sich dies anhören mag – es geht dabei um eine Bewegung, die zentimeter-, wenn nicht millimetergenau ausgeführt werden muss. Wenn Sie zu Beginn des Vorschwungs, sei es mit der Schulter, sei es mit den Händen, oder was in den meisten Fällen geschieht, mit beiden Körperteilen nur ein ganz klein wenig von der geraden Linie nach unten abweichen, dann ändern Sie auch die Schwungebene nicht nur ein klein wenig, sondern in Wahrheit ganz gewaltig. Mit dem Ergebnis, dass an ein von innen an den Ball Kommen nicht mehr zu denken ist. Eine abweichende Bewegung etwa der Hände von nur 5 cm dreht die Schwungebene des Schlägerkopfes um mehr als 30 cm nach außen – Slice! Wenn man bedenkt, dass solch geringfügige Abweichungen meist instinktiv geschehen – dass die meisten von uns sich gar nicht bewusst sind, dass sie eine solche Bewegung machen –, so wird sofort verständlich, wie schwierig es ist, den Schwung von außen zu kurieren.

Das »Runter des Tabletts« in Richtung auf die rechte Fußspitze ist auf den ersten Blick gewiss nicht jedermanns Sache. Unter anderem auch deshalb, weil die Hände schon so nahe am Ball sind, der Schlägerkopf aber noch meilenweit davon entfernt ist. Vielleicht werden ja auch Sie zum erstenmal in Ihrem Golfleben mit dieser Bewegung konfrontiert. Und wenn Sie da skeptisch würden, wäre das durchaus verständlich. Man kann sich kaum vorstellen, bei solcher Ausgangsposition den Ball überhaupt zu treffen, und vielleicht merken Sie auch kritisch an, von solchen Lehrmethoden bisher noch nie etwas gehört zu haben. Wir sagen dazu nur Folgendes: Schauen Sie sich bewusster als bisher die Schwünge großer Spieler an. Die Bildreihen in der Golfliteratur bieten ausreichend Gelegenheit dazu. Die Spieler zeigen ausnahmslos jene Positionen, die wir hier beschreiben. Wir freuen uns, dass vielleicht auch Sie zu jenen Spielern gehören, die feststellen müssen, dass

Der Vorschwung

Abb. 70 In einem zweiten Anlauf beginnen wir den Vorschwung aus der »angedockten« Position heraus. Schläger und Schlägerkopf sind deutlich hinter dem Körper. Hüften und angedockter rechter Ellenbogen drehen eine kurze Wegstrecke gemeinsam nach vorn, dann erfolgt der *Release,* wie bereits detailliert beschrieben (vgl. S. 101 f.). Auch bei dieser Übung können Sie, wie schon bei der Pump-Übung am »Tablett«, Anlauf nehmen. Drehen Sie bei angedocktem Ellenbogen die rechte Hüfte vor und wieder zurück, und dies mehrmals. Arme, Hände und der Schläger bewegen sich dabei – immer noch in der »Tablett-Stellung« – auf den Ball zu und dann wieder zurück in die Ausgangsstellung. Schlagen Sie den Ball also erst nach einigen Anläufen.
Die ganze Übung, *Harvey Penicks* Empfehlungen folgend, erst einmal in Zeitlupe zu beginnen und dann sukzessive die Drehgeschwindigkeit der Hüften bis zu Ihrem natürlichen Schwungtempo zu steigern, ist sicherlich kein Fehler. Achten Sie darauf, wenn Sie die Bildreihe studieren, wie der Körper hinter dem Ball bleibt.

sie den Ball nicht nur gut treffen, sondern auch, dass sich wesentlich größere Längen einstellen. Das geschilderte Erfolgserlebnis allerdings stellt sich mehrheitlich nicht so schnell ein, wie hier beschrieben. Was ist zu tun, wenn das Ganze nicht so klappt wie gewünscht? Versuchen Sie es mit der »Beine-zusammen-Übung«. Damit werden, wie Sie bereits festgestellt haben, Störbewegungen eliminiert, vor allem ein Zuviel an Beinaktivität.
Denis Pugh, der Trainer einiger internationaler Spitzenspieler, ist davon überzeugt, dass die Arbeit gerade an dieser Bewegungssequenz wie keine andere geeignet ist, das Gefühl für das Zusammenspiel von Armschwung und Körperrotation bewusst zu machen. Außerdem, so betont er, würden in hervorragender Weise Balance und Rhythmus geschult, wenn man im Körpergefühl verankern könne, dass die rechte Hüfte und der rechte Ellenbogen sich zumindest für kurze Zeit mit genau der gleichen Geschwindigkeit bewegten. Trainieren Sie diesen Bewegungsablauf so viel Sie können. Verzichten Sie einmal mehr nicht auf die »Beine-zusammen-Übung«.

Gedanklich erfassen und körperlich spüren!

1 Ab jetzt hat die für den Schwung wichtige Drehbewegung absoluten Vorrang. Die Hüften erzeugen nun jenes Drehmoment, das in der Schlägerkopfgeschwindigkeit ganz kurze Zeit später seinen effizientesten Ausdruck finden soll (Abb. 70).

Abb. 71 Dass Sie tatsächlich richtig gedreht haben, zeigen Ihre Füße. Fast Ihr gesamtes Körpergewicht spüren Sie am Ende der Drehung auf der linken Ferse und der Außenseite des linken Fußes, wobei die Fußspitze leicht nach oben zeigt.

2 Der Hüftdrehung müssen Sie jetzt einmal eine Zeitlang volle Aufmerksamkeit zuwenden. Machen Sie sich bewusst, wie sie für eine überaus deutliche Gewichtsverlagerung nach vorn sorgt. Beantworten Sie für sich selbst die Frage, wie Sie die Hüftdrehung einleiten. Drehen Sie die rechte Hüfte nach vorn aufs Ziel zu oder fühlen Sie die linke, wie sie sich wegdreht (aus dem Weg dreht)? Leiten Sie die Hüftdrehung, wie *Tom Watson* rät, dadurch ein, dass Sie das rechte Knie bewusst in das linke hineindrehen? Vielleicht ist es ja auch Ihr linkes Knie, das die Initialzündung setzt, indem es sich nach hinten streckt? Finden Sie **Ihren** Schwunggedanken für eine korrekte Drehung der

Hüften. Um es zu wiederholen: Die Betonung liegt auf Drehen. Für eine seitliche Verschiebung der Hüften ist jetzt absolut nicht der richtige Zeitpunkt. Die seitliche Verschiebung ist mit der *Transition* (vgl. S. 85) abgeschlossen.

3 Beobachten Sie an sich Ihren linken Arm. Unter seiner Führung hat sich der Schlägerkopf jetzt zum Ball bewegt. Von der linken Schulter hinunter bis zum Ball besteht nun eine annähernd gerade Linie. Durch die Zeitlupe können Sie sich das ziemlich deutlich vor Ihr Auge holen. Unbedingt spüren müssen Sie jetzt den Druckpunkt zwischen linker Brust und linkem Oberarm (S. 96).

4 Wenn Sie Ihr Treffmoment einfrieren und sich im Spiegel betrachten, sehen Sie neben der deutlich gedrehten Hüfte, dem gestreckten Arm und der charakteristischen Fußstellung auch, dass die Schulterstellung ein ausgeprägtes »Links hoch« und »Rechts runter« zeigt. Die rechte Schulter ist also auf dem besten Wege des »Nach-unten-Durch«.

5 Der rechte Arm befindet sich in der Phase der Streckung. Vollständig hat er diese erst im *Follow through* erreicht. Fühlen werden Sie jetzt sicherlich, dass die gesamte rechte Körperhälfte nach vorn strebt, während die linke dagegen spürbaren Widerstand einlegt.

Abb. 72 Kenia – für Golfspieler ein Paradies. Hier das 3. Loch in Limuro/Nairobi.

6 Wie die Hände jetzt agieren, haben wir bereits ausführlich dargelegt (vgl. S. 97 f.).

7 Schauen Sie im Spiegel einmal mehr auf Ihren Kopf. Er befindet sich im Treffmoment deutlich hinter dem Ball. Seine Position aus der Ansprechhaltung hat er nur unwesentlich verändert. Und dies, weil Sie beim Vorschwung nicht in den Fehler verfallen sind, Ihren Körper in den Schwung und damit zwangsläufig auch Ihren Kopf über die Gebühr nach vorn verschoben zu haben. Sie sind hinter dem Ball geblieben und bleiben in dieser Position auch noch, wenn sich beide Arme nach vorn vollständig gestreckt haben. Erst wenn die Arme ins Finish nach oben gehen, gibt der Kopf und damit die gesamte *Posture* die feste Position auf. An dieser Stelle ein hilfreicher Schwunggedanke: Halten Sie während des Vorschwungs nicht nur die rechte Schulter betont zurück, sondern übertragen Sie dieses Zurückhalten auf den gesamten Oberkörper. Stellen Sie sich unmittelbar vor Ihrer linken Körperseite eine Mauer vor. Wenn Sie nur ein klein wenig nach vorn schwanken, haben Sie die Ziegelsteine im Gesicht. Wenn Sie so denken und auch schwingen, können sich die Arme strecken und in ein

Abb. 73 Eindrucksvoller lässt sich das »Gegen eine feste linke Seite«-Spielen kaum vorstellen.

Der Vorschwung

1 2 3

Abb. 74 Dreiecke, immer wieder Dreiecke. Sie sind ein geradezu magisches Zeichen im Golf. *Joe Dante* bedient sich ihrer, um eine der wichtigsten Bewegungen beim Beginn des Vorschwungs transparent zu machen. *Eternal triangle* hat er diesen ersten Teil des Vorschwungs genannt. (Wir betonen ausdrücklich, dass *Dante* einen anderen Weg als in diesem Buch beschrieben – vgl. S. 106 f. – geht. Die von ihm aufgezeigten Schwunggedanken aber sind ihrer Einfachheit halber derart faszinierend, dass wir glauben, sie Ihnen nicht vorenthalten zu dürfen.)

Die Fotoserie zeigt, dass es nach dem Ende der *Transition* nach seiner Auffassung **keinesfalls die Arme sind**, die den Schläger bewegen. Tatsächlich findet natürlich jetzt schon eine Bewegung des Schlägers statt, der Motor hierfür sind aber einzig und allein die Schultern. Stellen Sie sich einfach vor, Sie frieren Ihre Arme, Hände und Handgelenke in diesem frühen Stadium des Vorschwungs ein. Was wir damit meinen, ist, dass Sie nicht den geringsten Versuch unternehmen, den Schläger eben mit diesen Körperteilen zu bewegen. Das sog. *Power package*, gebildet aus den Schultern, Armen, Handgelenken und Händen, bleibt in seiner Relation zueinander für eine bestimmte Wegstrecke als **unverbrüchliche Einheit** (*Power storage*) erhalten, angetrieben von der nach unten gehenden rechten bzw. der sich nach oben bewegenden linken Schulter. Erst wenn Sie mit Ihren Armen und Händen in etwa auf Hüfthöhe sind, lösen Sie den »eingefrorenen« Zustand und geben die Arme und Hände für das Treffen des Balls frei.

Mit Hilfe der Dreiecke können Sie sehen, was passieren soll. Vom Ende des Rückschwungs an folgt das Dreieck einer Kippbewegung nach unten, und das Entscheidende dabei ist, dass die imaginäre Seite (gestrichelt) immer die gleiche Länge behält (hier allerdings perspektivisch verzerrt). *Eternal* steht dafür, dass dieser anatomische Dreieckszustand so lange wie möglich gehalten wird. Für seine Auflösung sorgt letztendlich dann die stark ansteigende Schlägerkopfgeschwindigkeit.

»hohes« Finish übergehen – ein untrügliches Zeichen für einen technisch guten Schwung. Gegen die »feste linke Seite« spielen ist auch eine Beschreibung für diese Bewegung.

Bei der Lektüre allein schon dieser letzten Zeilen wird Ihnen klar, welche Fülle wichtiger Bewegungen jetzt auf Sie zukommt und wie genau diese im Einzelnen von Ihnen zu identifizieren sind, um dann in einem Gesamtablauf integriert zu werden. Dass sich das alles nicht innerhalb eines Nachmittags auf der Driving Range bewerkstelligen lässt, versteht sich von selbst. Konsequentes und ausdauerndes Training müssen Sie sich jetzt abverlangen. Schließlich geht es ja in einem weiteren Schritt auch darum, die beiden Übungseinheiten zu einer flüssigen Gesamtbewegung zu verschweißen, eine Aufgabe, bei der wir nicht weiterhelfen können. Die wichtigsten Dinge sind gesagt und demonstriert, jetzt liegt es an Ihnen.

Abb. 75 Achim zeigt hier, wie die linke Hüfte und Körperseite die Arme und den Schläger auf ihrem Weg herunter und durch den Ball führen. Deutlich ist zu sehen, wie sich die linke Hüfte »aus dem Weg dreht« und auf diese Weise das Körpergewicht auf das linke Bein bringt. Der Kopf und auch der Oberkörper bleiben hinter dem Ball. Die Hüften haben in einem guten Golfschwung nicht nur die Aufgabe, sich lateral zu verschieben und dann zu drehen. Ihre Bewegung muss zudem sehr eng mit dem linken Arm korreliert sein. Es ist dann quasi so, dass es die Hüften sind, welche die Arme und den Schläger herunterziehen und durch den Ball beschleunigen.

1

2

3

Abb. 76 Beinstellung, Hüft- und Schulterdrehung, Finish – der Ball **muss** im Ziel sein.

Finish

> ***Es gibt nur einen einzigen Grund, Golf zu spielen. Gewinnen! Nicht gegen einen Gegner zu gewinnen. Gegen sich selbst zu gewinnen. Herauszufinden, was man für ein Mensch ist. Sein Ego in den Griff zu bekommen.***
>
> BEN HOGAN

Wir glauben, nun davon ausgehen zu dürfen, dass jetzt zumindest die *Basics* eines Golfschwungs hinreichend in Bild und Text erläutert sind. Zugeben müssen wir, dass das Ganze für Sie nicht unbedingt nur leichte Kost war, und dass die vollständige Verdauung vielleicht lange Zeit in Anspruch nimmt. Eben weil Ihnen womöglich Schweres im Magen liegt, wollen wir etwas Leichteres nachservieren, so dass das gesamte Golfschwung-Menü einen für Sie runden Abschluss findet.

Die wohl einfachste Golfweisheit, dass die Richtung immer wichtiger ist als die Länge, dürfte jene sein, gegen die wohl mit am häufigsten verstoßen wird. Mit einem Eisen 5 den Ball 180 m zu prügeln ist offensichtlich so attraktiv, dass das Abkommen von der Bahn ohne Weiteres in Kauf genommen wird. Sie haben ohne Frage nach der intensiven Beschäftigung mit all dem Vorangegangenen gelernt, Ihrem Schlägerkopf Feuer unter dem Hintern zu machen. Genießen Sie Ihre langen Schläge, weiden Sie sich unseretwegen am Neid Ihrer Mitspieler, aber pressen Sie niemals Länge aus sich heraus, um anschließend im Kakao zu liegen. Denken Sie an die Professionals, die erfolgreich nur dann Geld verdienen, wenn sie ein für sich ideales Zusammenspiel von Länge und Richtung gefunden haben. Jeder von diesen Spitzenspielern würde nach eigenem Bekunden 20–30 m an *Drive*-Länge opfern, wenn er dadurch garantiert auf der Bahn läge. *Bob Toski*, Autor eines der besten Golflehrbücher, die jemals geschrieben wurden (s. Literaturverzeichnis), sagt in diesem Zusammenhang: »Das Ergebnis ist immer besser bei einem 3/4-Schwung und ›mehr‹ Schläger als mit ›weniger‹ Schläger bei einem vollen Schwung!«

Woraus resultieren die »großen« Katastrophen? Was machen Sie falsch, wenn sich der Ball partout nicht in die gewünschte Richtung bewegen lässt? Aus unserer Sicht sind die Fehler vorrangig in folgenden Bereichen zu suchen (keine Rangordnung):

1. Fehlerhafter Griff.
2. Schlechtes Zielen.
3. Die korrekte Schwungebene wird verfehlt.
4. Mangelndes Aufdrehen.
5. Die Achsen im Drehsystem sind nicht ausreichend stabilisiert.

Fehlerhafter Griff

Die Bedeutung des Griffs wird vielfach verkannt und fast immer unterschätzt. Dem aus vor allem biomechanischen Gründen optimalen Griff haben wir, wie Sie wissen, große Aufmerksamkeit geschenkt (vgl. Seite 69 f.). Um bei der Griff-Frage nicht päpstlicher als der Papst zu sein: Wenn Sie Ihre Bälle konstant nach links schlagen – immer und immer wieder –, scheuen Sie sich nicht, Ihre Hände im Griff nach links zu drehen, und umgekehrt natürlich, wenn es dauernd in die andere Richtung geht. Eine Empfehlung, dessen sind wir uns durchaus bewusst, die von der strengen Lehrmeinung abweicht, die aber rein pragmatischer Natur ist. Denn in erster Linie müssen sich Erfolg und Freude beim Golf einstellen. Es hilft gar nichts, wenn ich den schönsten Schwung habe, vermeintlich Lehrbuch-Golf spiele und dennoch nur selten auf der Bahn liege. Wenn Ihre missglückten Schläge sich eindeutig auf ein Griffproblem reduzieren lassen – nur Mut zum Experimentieren!

Schlechtes Zielen

In Wahrheit aber liegt es in weit höherem Maße am schlechten Zielen. Dem richtigen und bewussten Zielen wird selbst im Spitzengolf viel zu wenig Aufmerksamkeit gezollt. Wir können zwar bei den Turnieren im Fernsehen den Spielern abschauen, wie sie ihren Körper sowie den Schlägerkopf gewissenhaft ausrichten und wie sie immer wieder auf ihr Ziel schauen, bis die Peilung stimmt. Dieser rein körperlichen Zielansprache ist in allen Lehrbüchern umfänglich Raum gegeben, so dass es an Anleitung nicht fehlt. Das alles aber bildet nur den äußeren Rahmen. Richtiges Zielen ist vor allem eine mentale Aufgabe. Der Körper und das Gehirn müssen im Hinblick auf die bevorstehende Aufgabe wie Kimme und Korn zur Deckung gebracht werden. Richtig zielen ist unheimlich schwer, zu allererst deshalb, weil es immer in einem höchst ungeeigneten Moment zu erfolgen hat. Dann nämlich, wenn man sich mit dem bevorstehenden Schlag aus ganz anderer Sicht beschäftigen will: die richtige Bewegung zu machen, den wichtigsten Schwunggedanken herauszusuchen, nichts falsch machen zu wollen, usw. Zielen hat da im Kopf meist schlechte Papiere, vor allem solange sich ein Spieler der Bedeutung des mentalen Zielens nicht bewusst ist und nicht an seinen eigenen Schlägen positiv erfahren hat, wie positiv sich korrektes Zielen tatsächlich auf seinen Score auswirkt.
Jack Nicklaus war derjenige, der das Bild vom »Kinogehen« in den Zielvorgang eingebracht hat. Es sei unabdingbar für gutes Golf, den Ball vor dem geistigen Auge aufs Ziel zufliegen zu sehen, bevor er dann tatsächlich geschlagen wird. Es gilt, eine punktgenaue Vorstellung in sich zu entwickeln, wo der Ball landen muss. Es genügt nicht, auf irgendwelche

Bäume im Hintergrund zu zielen, sondern wie mit einem Laserstrahl ist der kleine Fleck im Gras anzupeilen (und die ganze Zeit nicht aus dem geistigen Auge zu lassen), wo der Ball zu landen hat. Die Sportpsychologen sagen uns, dass man umso bessere Schläge macht, je mehr dieser Brennglaseffekt in unserem Gehirn verankert werden kann. Dieses Bild vom winzigen Ziel ist im Kopf zu behalten, man muss es quasi »sehen«, wenn der Ball geschlagen wird. Dass dazu höchste Konzentration gehört, versteht sich von selbst.
Wenn Ihnen das Gesagte einleuchtet, trainieren Sie auf der Range wie folgt: Legen Sie ein Ziel fest, zum Beispiel einen Grasfleck in 130 m Entfernung. Sprechen Sie den Ball an und richten Sie Ihren Körper genau aus (u.U. mit Hilfe eines Schlägers). Schauen Sie dabei wiederholt auf Ihr Ziel und dann auf den Ball. Prüfen Sie, ob es Ihnen gelingt, das Bild vom Ziel vor Augen zu haben, wenn Sie den Ball anschauen. Schlagen Sie Bälle mit dem Grasfleck vor Ihrem geistigen Auge. Über die positiven Ergebnisse werden Sie höchst erstaunt sein.
Wie gesagt, die Zielauswahl muss in höchstem Maße präzise sein. Es ist völlig falsch, sich zu sagen: »Ich will überall hin, nur nicht rechts in den Wald.« Der Wald ist damit im Kopf, ihn jetzt nicht zu treffen ist schwierig. »Ich ziele zwischen Bunker und Teich, da will ich durch.« Das ist ebenfalls keine korrekte Zieldefinition. Das Gehirn ist mit Bildern von

Abb. 77 Aus der Nicklaus-Golfschule kommt diese einfache Art, richtig zu zielen: Stellen Sie sich hinter den Ball und bringen Sie mit Ihrem rechten Arm Ball und Ziel auf eine Linie. Strecken Sie sodann Ihren linken Arm aus und prüfen Sie, wohin er zielt, in unserem Fall auf die gekennzeichnete Palme. Bei korrekter Zielansprache muss Ihr Körper, sprich Ihre Füße, Knie, Hüften und Schultern, exakt auf die Palme und Ihr Schlägerblatt direkt auf die Fahne ausgerichtet sein.

Bunker und Teich gefüttert und kann sich nicht klar entscheiden.
Also gehen Sie auf keinem Fall von dem aus, was Sie vermeiden wollen. Seien Sie positiv in der Wahl Ihres Zieles. »Da genau will ich hin, weil es von dort aus am besten weitergeht.« Wenn Sie Ihr Gehirn klar und eindeutig programmieren, überträgt sich diese Botschaft in fast geheimnisvoller Weise auf Ihren Körper. Der Kunst richtigen Zielens lohnt es viel Zeit zu opfern.
Harvey Penick empfiehlt sein inzwischen viel zitiertes *Dead aim*. Eine simple Aussage, wie *Ben Crenshaw*, sein prominentester Schüler sagt, mit viel dahinter. So fordert *Penick* nichts weniger als die totale Konzentration, ja völlige Hingabe an das, was jeweils zu geschehen hat. Nichts, aber auch gar nichts, was um einen herum passiert, darf einen ablenken, wenn der Spieler vor der Aufgabe steht, den Ball von A nach B zu spielen. Die Form der inneren Versenkung soll so weit gehen, dass man sich getrost dem unbewussten Zusammenspiel von Instinkt und Muskeln überlassen kann. »Unbewusst fähig« also (vgl. S. 13). Wir haben davon schon gehört.
Nicklaus hat dem hinzuzufügen, einen Ball ohne adäquate mentale Vorbereitung schlagen zu wollen sei gleichzusetzen mit vorweggenommener Selbstaufgabe.
Ein Wort in diesem Zusammenhang zu der von den Spitzenspielern viel zitierten Routine: Sie müssen für sich den richtigen Weg finden, im Vorfeld eines Golfschlags alles auf die Reihe zu bringen. Sie müssen sich innerlich beruhigen, sich technisch konzeptionieren, richtig zielen, dem Verkrampfen vorbeugen und vieles mehr.
Die **Routine ist das Programm**, das Sie für sich aufstellen, um nichts zu vergessen von Ihrem Potential, das Ihnen für den nächsten Schlag zur Verfügung steht. Wie heißt es so schön? Immer der nächste Schlag ist der wichtigste!

Die korrekte Schwungebene wird verfehlt

Wenn Sie zu Beginn des Vorschwungs auf dem Weg von oben nach unten nicht richtig »einfädeln«, die korrekte Schwungebene also nicht finden, resultieren daraus immer Richtungs- und auch Längenprobleme. Abhilfe schafft das Üben der »Tablett-abwärts-Bewegung« (vgl. S. 106). Konzentrieren Sie sich nur auf den Schwunggedanken »hinten runter zu ziehen«. Bleiben Sie dabei stehen. Keine aktive Drehung des Körpers, keine Beinarbeit. Ziehen Sie einfach herunter, lassen Sie den Körper ruhig einmal instinktiv reagieren.

Mangelndes Aufdrehen

Meistens können Sie die ideale »Tablett-Position« gar nicht erreichen, weil Sie sich nicht ausreichend aufdrehen. Dieser Zustand ist häufig am Ende einer Runde zu beobachten, wenn man körperlich erschlafft und die Konzentrationsfähigkeit zur Neige geht. »Am Schluss hab' ich nur noch geslicet« ist dann immer zu hören.* Der Körper spürt instinktiv, dass ihm bei nicht ausreichendem Aufdrehen die Kraft fehlt, das angepeilte Ziel zu erreichen. Zum Ausgleich wirft er sich in den Schwung. Jeder von uns muss das in seinem eigenen Spiel immer wieder erleben. Die rechte Körperseite als die von Natur aus kräftigere übernimmt das Kommando. Slice – Pull, und immer dann, wenn man sie am wenigsten brauchen kann. Fast immer – und wenn Sie sich nichts aus diesem Golfbuch merken wollen, **das** dürfen Sie **nie vergessen** – ist für schlechte Schläge aus rein technisch-anatomischer Sicht mangelhaftes Aufdrehen die Ursache. Deshalb: Wenn Sie Ihre Ermüdungsphase nahen spüren, vor jedem Schlag Probeschwünge mit voller Schulter- und Körperdrehung zurück!

* Denken Sie in diesem Zusammenhang auch immer daran, ausreichend Flüssigkeit zu sich zu nehmen. Auf einer Golfrunde müssen Sie, so jedenfalls die Empfehlung *Bernhard Langers*, bis zu 2 1/2 Liter trinken. In den meisten Fällen ist der Grund für Ermüdung und mangelnde Konzentrationsfähigkeit das Austrocknen des Körpers. Den zudem wichtigen Blutzuckerspiegel halten Sie durch die - Einnahme etwa von Bananen auf dem richtigen Niveau.

Die Achsen im Drehsystem sind nicht ausreichend stabilisiert

Natürlich läuft bei mangelndem Aufdrehen auch unser gesamtes Achsensystem Gefahr, aus dem Ruder zu geraten. Vom dann sich notwendigerweise einstellenden Schwanken des gesamten Körpers sagt *Greg Norman*, dass es für ihn nichts Schlimmeres in einem Golfschwung gibt. Den *Sway* bekämpfen Sie mit Ihrem Kopf. Nein, diesmal nicht auf der mentalen Schiene, sondern durch bewusstes Ruhighalten. Widmen Sie immer – ganz gleich welches Trainingsprogramm Sie sich vorgenommen haben – einige Schläge ausschließlich Ihrem Kopf. Schauen Sie nach unten auf den Ball auch noch dann, wenn er schon längst getroffen ist. Warten Sie so lange mit einer Veränderung der Kopfhaltung, bis die rechte Schulter im Vorschwung Ihr Kinn trifft und ihn ins Finish mitnimmt. Der Kopf soll sich nie aktiv bewegen. Er bewegt sich nur als Folge der Bewegungen anderer Körperteile im Drehsystem. Stellen Sie sich die richtigen Lottozahlen unter Ihrem Ball versteckt vor. Identifizieren Sie sie. Ihr Schwung gewinnt damit den Jackpot.

Abb. 78 Verlegen Sie das Treffen des Balls **gedanklich** in den eingezeichneten Bereich. Je »früher« Sie vermutlich den Ball treffen, umso weniger kann die teuflische rechte Schulter für Übel sorgen, und desto weniger kommen Sie von außen an den Ball.

Der Slice

Vielleicht hilft das dagegen: Stellen Sie sich fest auf den Boden. Drehen Sie sich, so gut es geht, auf. **Bleiben Sie stehen** (beide Fersen kleben am Boden), wenn Sie jetzt nur die Arme herunterziehen. Die rechte Schulter halten Sie zurück, so gut Sie können. Ihr ganzes Bestreben ist es, die rechte Körperseite nicht in den Schwung zu drehen. Halten Sie bewusst den Kopf und Ihren Oberkörper hinter dem Ball. Richtig machen Sie alles, wenn Sie fühlen, wie sich Ihre Arme nach vorn strecken. Für den Vorschwung sagen Sie sich: »Arme runter und unten durch!« Keinesfalls sollen diese sich nach außen und um den Körper herum bewegen. Denken Sie auch immer daran, dass, sobald der Körper zu früh dreht, also noch bevor das »Tablett« unten ist, Sie sicher sein können, den Ball von außen zu treffen. Eine der Ursachen für den Slice. Arme und Hände und nicht irgendeine Drehbewegung sind primär für die Schwungebene verantwortlich. Sie legen fest, dass der Ball von innen getroffen wird (vgl. *Late hit*, Abb. 65). »Quieten your legs«, empfiehlt *Nick Faldo* gegen den Slice. Überaktive Beine im Vorschwung erzeugen zu viel und vor allem zu frühes Körperdrehen. Der Oberkörper dreht in den Schwung. Sie haben sich damit auf einen Desaster-Slice programmiert. Ein gutes Bild liefert die Vorstellung, dass die Hüften im Vorschwung immer der rechten Schulter davonlaufen müssen.

Abb. 79 Längere Schläge, ohne sich mit anatomischen Problemen herumzuschlagen – auch das ist bis zu einem gewissen Umfang möglich. In die Schläger der Firma Goldwin ist »mehr Länge« sozusagen eingebaut. In schöner Regelmäßigkeit kommt es ja bei der Golfausrüstung zu bahnbrechenden Neuerungen: der Sand Wedge etwa, von Gene Sarazan in der Zeit um 1930 entwickelt, die Graphitschäfte der 80er Jahre und die derzeit gebräuchlichen übergroßen Titanköpfe der »Hölzer«, um nur drei Beispiele zu nennen.
Das Verdienst der Goldwin-Ingenieure ist es, eine bisher nur wenig beachtete Schwachstelle nicht nur als solche identifiziert, sondern auch ausgemerzt zu haben: das Gewicht von Schlägerschaft und Schlägergriff. Sie haben fast jedes Gramm des Schlägers in den Schlägerkopf gepackt (Schwunggewicht D9!). Schlägerschaft und Schlägergriff wiegen fast nichts mehr. 40 Gramm nutzloses, sprich für die Erzielung hoher Schlägerkopfgeschwindigkeiten eher hinderliches Gewicht wurden damit eliminiert bzw. dem Schlägerkopf zugeschlagen. Auf dem großen Bild wird ein Eisen 3, auf dem kleinen ein Sand Wedge in der Balance gehalten. Durch diese physikalische Umschichtung gelingt es, den Schläger besser zu beschleunigen, so dass bei gleichem Kraftaufwand größere Schlägerkopfgeschwindigkeiten erzielt werden.
Größere Längen haben Sie dadurch praktisch mit dem Kaufpreis erworben.

Zu guter Letzt

»Subjective statements are made by subjects. Thus, correspondingly, we may say that objective statements are made by objects. It is only too bad that these damned things don't make any statements.«
HEINZ VON FOERSTER

Wenn wir uns Rechenschaft darüber abzugeben hätten, was denn wohl die entscheidendste Bewegung ist, die einen guten von einem weniger guten Schwung unterscheidet, dann kommen wir nach alldem, was sich bisher vor unseren Augen abgespielt hat, zu der Überzeugung, dass es die Bewegung der rechten Schulter im Vorschwung ist.
Die rechte Schulter geht in einem guten Schwung herunter und unten durch, in einem 08/15-Schwung dreht sie sich in viel zu flacher Ebene. Von guten Spielern ist immer wieder zu hören: »Ich treffe meine Bälle praktisch mit der rechten Schulter« oder: »Ich gehe mit der rechten Schulter durch den Ball.«
Nehmen Sie sich daraufhin noch einmal die Grundübungen zur Schwungebene vor (vgl. S. 90 f.). Immer, wenn Ihre Schulter richtig nach unten geht, sehen Sie den Ball von schräg hinten.
Nach der Lektüre dessen, was wir Ihnen über den Schwung zu sagen hatten, wird sich in Ihnen der Eindruck festigen, dass Golf tatsächlich so schwierig ist, wie es immer dargestellt wird. Verstärken könnte sich dieser Eindruck, wenn Sie bedenken, dass wir lediglich die Grundzüge beschrieben haben. Mühelos ließe sich ein weiteres Buch mit »Feinheiten« füllen. Eines steht jedenfalls fest: Wenn Sie mit Golf ernst machen wollen, dann müssen Sie sich – so schwer es auch fallen mag – mit all dem Wissensstoff auseinandersetzen, den wir Ihnen angeboten haben. Mit weniger dürfte es nicht getan sein.
Die Autoren wünschen Ihnen, dass Sie immer gut scoren, auch wenn Sie schlecht spielen – »*playing badly well*«, hat der legendäre Südafrikaner *Bobby Locke* diese Kunst bezeichnet. Zudem hoffen wir für Sie, dass Sie am Platz draußen immer Ihr bester Freund sind.
Obwohl der große Kirchenvater *Augustinus* mit Golf noch nicht in Berührung gekommen sein konnte, möchten wir ihn hier zitieren. Als Rezensent unserer Arbeit hätte er uns vielleicht seinen berühmten Satz entgegengehalten:
»...dass dies alles eben darum in einer Art wahr ist, weil es in einer Art falsch ist.«

Abb. 80 Hier haben Sie jetzt die Erklärung für das viel zitierte, weithin aber unverstandene »Durchgehen durch den Ball«. Es sind die drehenden Schultern, welche diese Bewegung charakterisieren. Und was die erwähnte rechte Schulter angeht, so ist sie es, die Ihnen die Erkenntnis liefert, ob die Schulterdrehung in ausreichendem Maße stattgefunden hat. Korrekt gedreht haben Sie nämlich erst dann, wenn Ihre rechte Schulter im Finish **aufs Ziel zeigt**.
Zu *Nick Faldos* wesentlichen Kriterien für einen guten Schwung zählt eben diese ausgeprägte Schulterdrehung durch den Ball und auf das Ziel. Genauso, wie es »Big ease« *Ernie Els* und Achim hier demonstrieren.

Literatur

BALLESTEROS, SEVERIANO: Natural Golf. London 1988
BRADLEY, JOHN/ALEXANDER KÖLBING: Richtig Golf. München 2000 (6. Aufl.)
COCHRAN, ALASTAIR/JOHN STOBBS: The search for the perfect swing. London 1968
CROWCRAFT, SUE: Kagami Golf. München 1996 (2. Aufl.)
DANTE, JOE: The four magic moves to winning golf. New York 1962
FALDO, NICK: Golf – the winning formula. London/Sidney 1990
FALDO, NICK: A swing for life. London 1997
GALLWEY, W. TIMOTHY: The inner game of golf. New York 1979
GRAHAM, DAVID: Your way to winning golf. Trumbull 1985
GRAHAM, MICHAEL: Golf Mind, Golf Body, Golf Swing. New York 1993
HOGAN, BEN: The modern fundamentals of golf. London 1957
JACOBS, JOHN/KEN BOWDEN: Golf-Praxis. Hamburg 1985 (4. Aufl.)
KELLEY, HOMER: The golfing machine. Seattle 1982
KÖLBING, ALEXANDER/ACHIM STEINFURTH: Richtig Golf rund ums Grün. München 2001 (2. Aufl.)
KOSTIS, PETER: The inside path to better golf. New York 1982
LEADBETTER, DAVID: Alles über Schlag und Schwung. Hamburg 1992
LEADBETTER, DAVID: The fundamentals of Hogan. New York 2000
MANN, RALPH: Swing like a pro. New York 1998
NICKLAUS, JACK/KEN BOWDEN: So spiele ich Golf. Hamburg 1989 (5. Aufl.)
PENICK, HARVEY: Harvey Penick's little red book. New York 1992 Deutsche Ausgabe: Harvey Penick's Golf-Weisheiten: Das kleine rote Buch. München 1998 (5. Aufl.)
SAUNDERS, VIVIEN: The golfing mind. London 1995
TOSKI, BOB/JIM FLICK: How to become a complete golfer. New York 1984
WATSON, TOM: Getting back to basics. Trumbull 1992

Video

BEN HOGAN – in pursuit of perfection. (Kaum ein anderer Spitzenspieler dürfte in seinem Schwung eine so ausgeprägte Transition haben wie Ben Hogan. Auf der Videokassette können Sie dies in nicht zu übersehender Deutlichkeit studieren. Vertrieben wird dieses 23-minütige Demo-Band von »The booklegger«, Grass Valley, California.)

Der Weg zum besseren Handicap

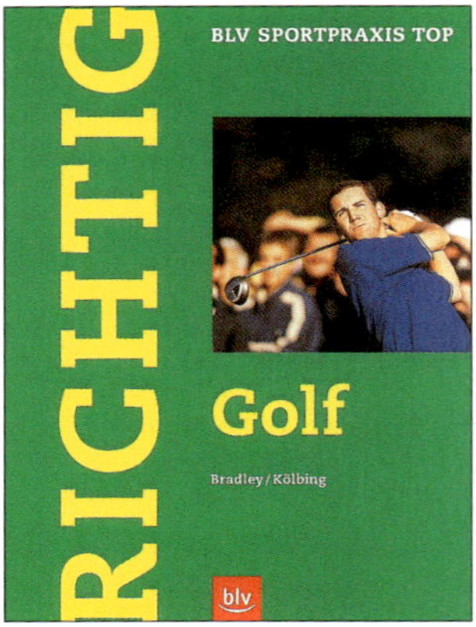

BLV Sportpraxis Top
John Bradley/Alexander Kölbing
Richtig Golf
Ein didaktisch gut aufgebauter Golf-Kompaktkurs, der eine perfekte Einführung in Technik, Taktik und Psyche dieses diffizilen Sports gibt: Ausrüstung und Bekleidung, Grundlagen, Schwung, Schlägerwahl, Schlagtechnik usw.

blv coach
Alexander Kölbing
Golf: Putt
Präzision und Konzentration – und wie man sie erreicht: Schlagtechnik, die Schultern als Motor, gezieltes Training, Vorschläge zur Routine, der mentale Aspekt.

blv coach
Alexander Kölbing
Golf: Slice
Kompaktes Know-how, das schnell zum Erfolg führt: Schwungfehler und ihre Ursachen erkennen, die richtige Technik in Wort und Bild, gezieltes Training.

BLV Sportpraxis Top
Alexander Kölbing/
Achim Steinfurth
Richtig Golf rund ums Grün
Die Technik des kurzen Spiels verbessern – ein wertvolles Aufbautraining für den fortgeschrittenen Golfer, methodisch leicht verständlich und unterhaltsam vermittelt.

blv coach
Alexander Kölbing
Golf: Chip
Ein Schlag, der leicht gelingt, wenn man drei Dinge beachtet: korrekte Ansprechhaltung, richtige Haltung von Schultern und Handgelenken, Landepunkt des Balls.

Im BLV Verlag finden Sie Bücher zu den Themen: Garten und Zimmerpflanzen • Natur • Heimtiere • Jagd und Angeln • Pferde und Reiten • Sport und Fitness • Wandern und Alpinismus • Essen und Trinken

Ausführliche Informationen erhalten Sie bei:

BLV Verlagsgesellschaft mbH • Postfach 40 03 20 • 80703 München
Tel. 089/12705-0 • Fax 089/12705-543 • http://www.blv.de